動物の

背骨	背骨《せぼね》がある動物（せきつい動物）				
よびかた	哺乳類《ほにゅうるい》	鳥類	は虫類	両生類	魚類
体の様子	毛でおおわれている	羽毛《うもう》でおおわれている	うろこでおおわれている	しめった皮ふでおおわれている	うろこでおおわれている
子どもの生まれかた	赤ちゃんを産《う》む	卵《たまご》を産む			
体温	常《つね》にほぼ同じ		周《まわ》りの温度によって変《か》わる		
動物の例《れい》	ヒト、イヌ、リス、ネズミ、クマ、クジラ	カラス、スズメ、ニワトリ、ハト、ペンギン	ヘビ、カメ、トカゲ、ワニ	イモリ、カエル、サンショウウオ	フナ、コイ、マグロ、メダカ、サバ
すがた					

小林先生の周《まわ》りには、いつも動物がいっぱい！

この本を書いた小林先生

先生の大学で飼育《しいく》されているフェレットとヤギ

おどろくべき行動（120ページ参照《さんしょう》）

❶ シマリスが、動かないヘビと出合うと、こわごわ近寄《ちかよ》り……

❷ ヘビの体の表面をかじり取ってかみほぐし……

シベリアシマリスの

❸ 自分の体にぬりつけます。

ヘビの脱皮《だっぴ》がらに対しても、
同じ行動をとります。
シマリスのこの行動は、
ＳＳＡ《エスエスエー》と名づけられました。

**リスはなぜ、
こんなことをするの？
その答えは、この本の中に!!**

巣箱《すばこ》から顔を出すニホンモモンガ（65ページ参照《さんしょう》）

先生の研究室には、おもしろそうなものがたくさん！

ちしきのもり

小林先生に学ぶ 動物行動学

攻撃するシマリス、子育てするタヌキ

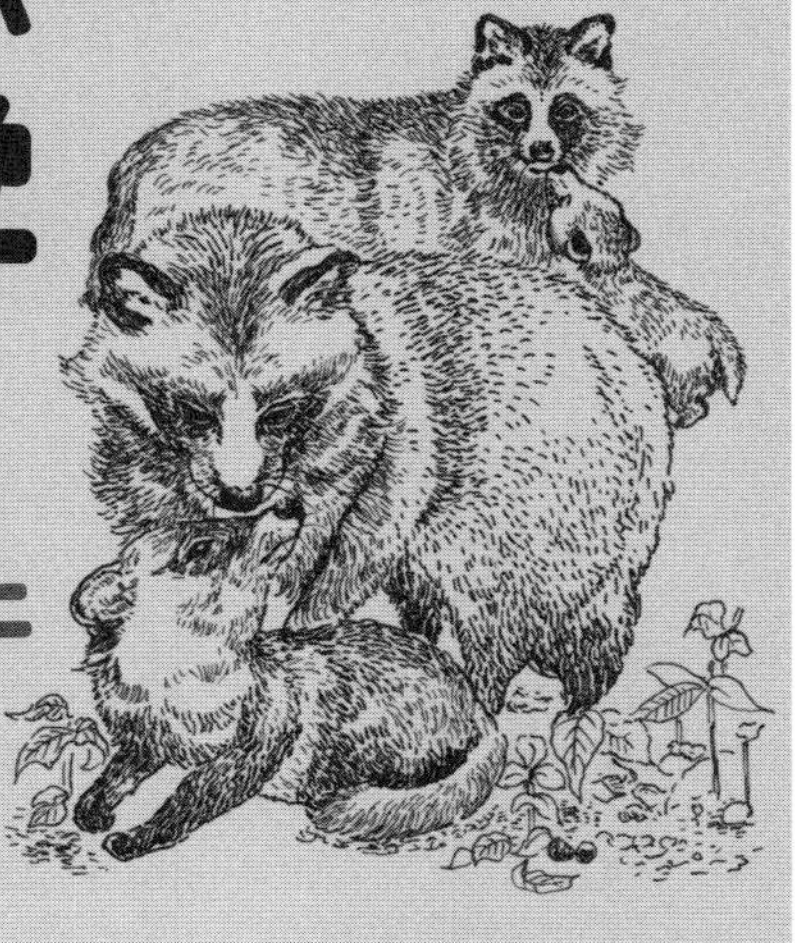

小林 朋道

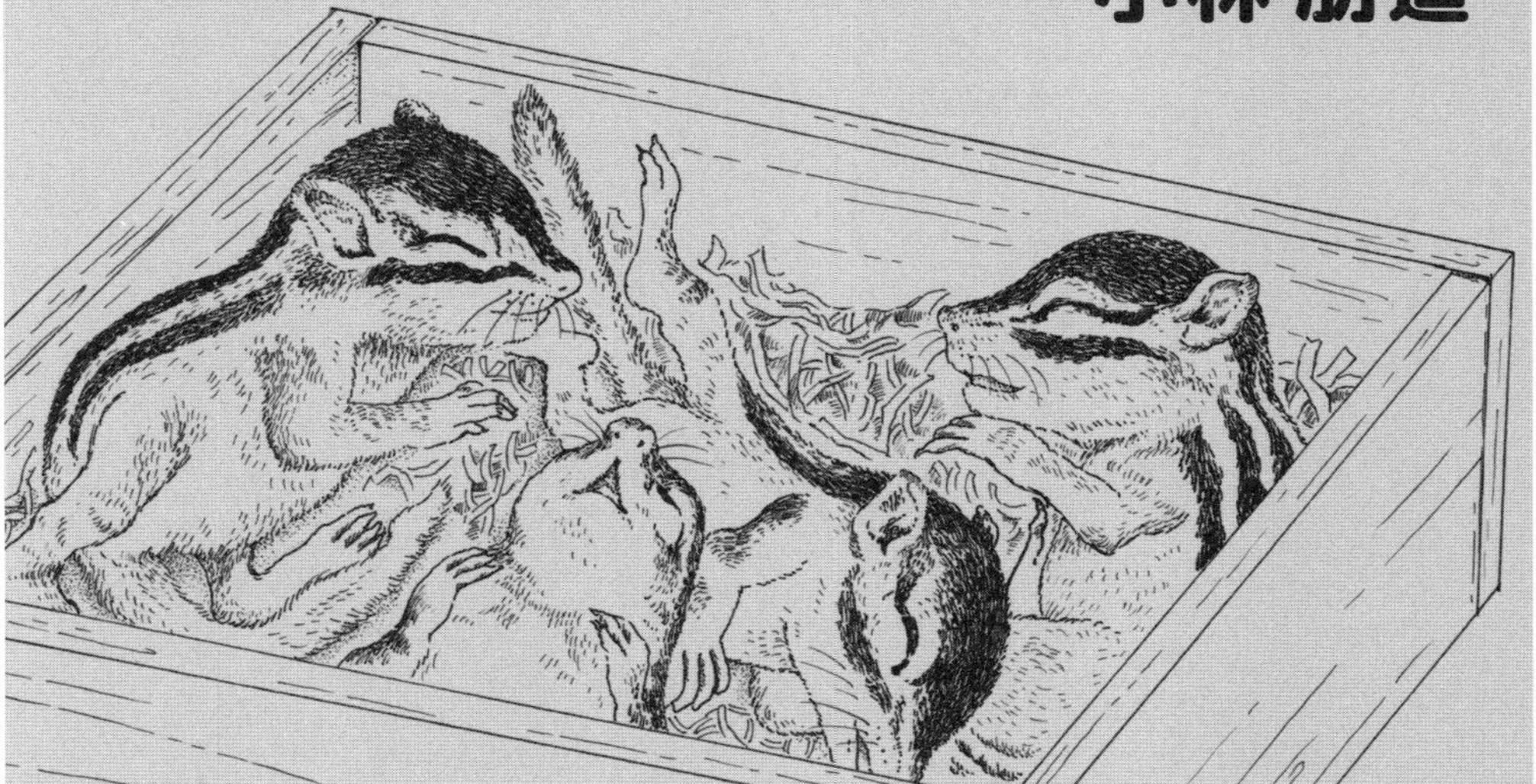

少年写真新聞社

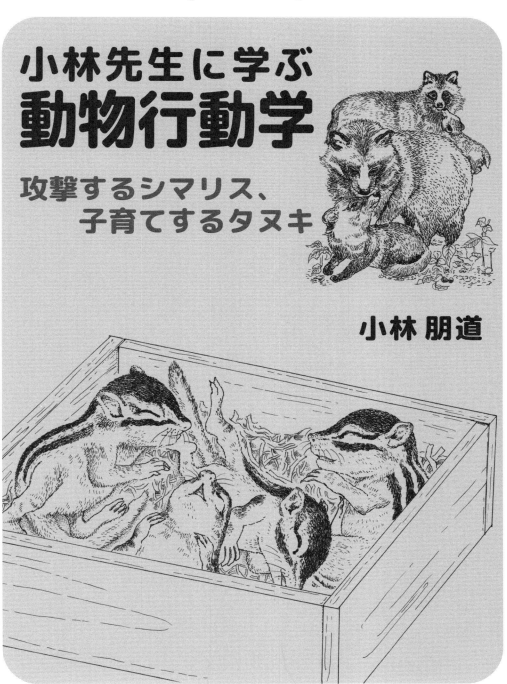

目次

この本を書いた小林先生は、どんなことをしているの？

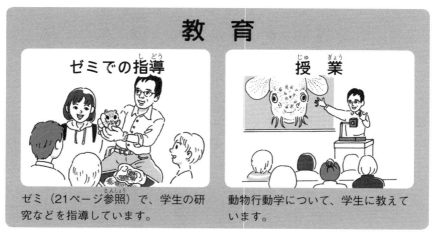

主な仕事場＝公立鳥取環境《かんきょう》大学

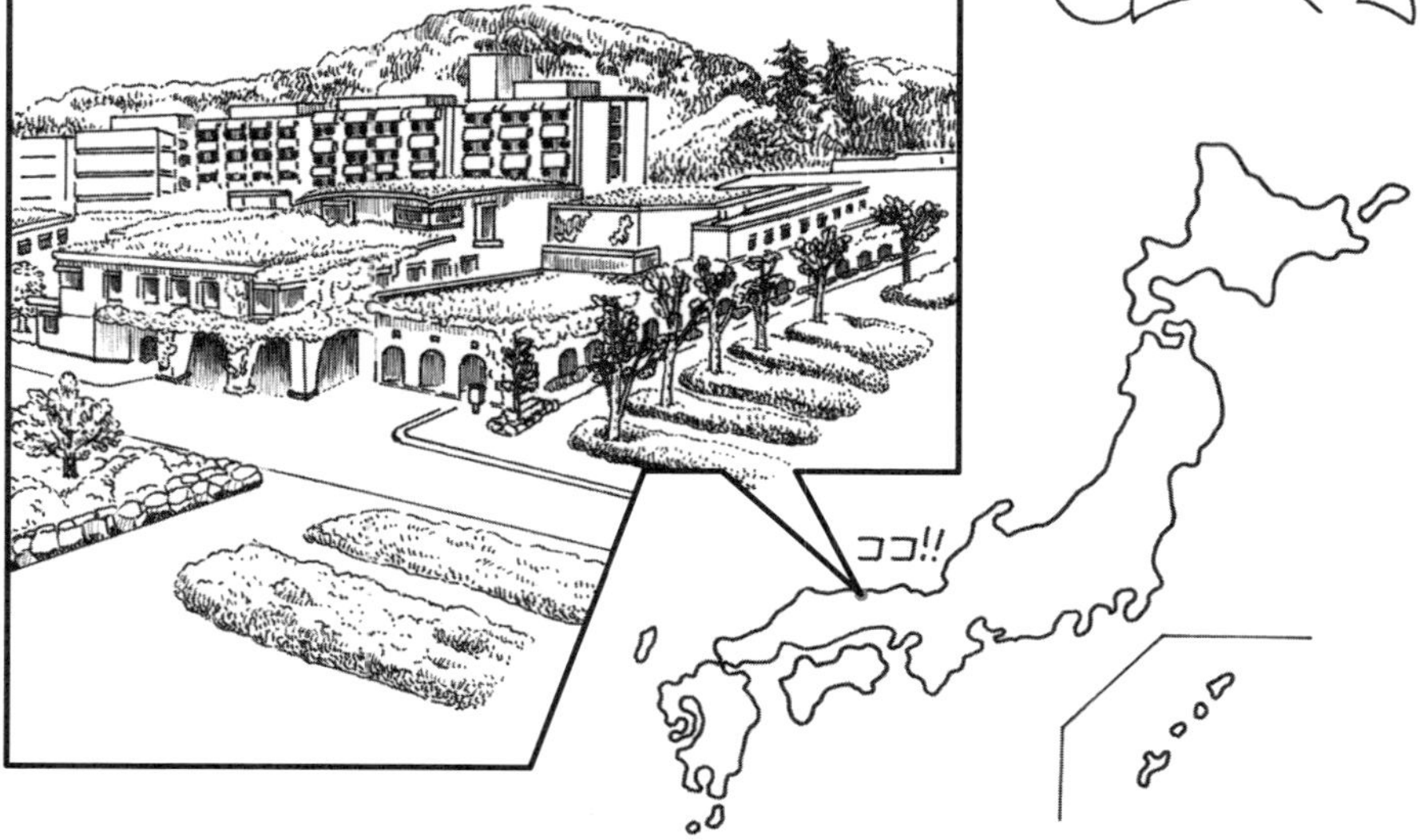

教　育

ゼミでの指導《しどう》

ゼミ（21ページ参照《さんしょう》）で、学生の研究などを指導しています。

授《じゅ》　業《ぎょう》

動物行動学について、学生に教えています。

野生動物に関《かん》する研究

行動や様子を観察《かんさつ》・調査《ちょうさ》したり

野生動物を観察したり、生態《せいたい》を調べたりしています。

実験《じっけん》したり

動物の生態を知るために、さまざまな実験をしています。

絶滅《ぜつめつ》が心配される動物の生息地を再生《さいせい》したり

人間と野生動物が、共《とも》にくらすための環境を守る活動をしています。

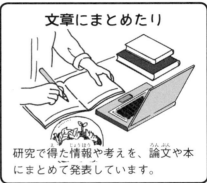

文章にまとめたり

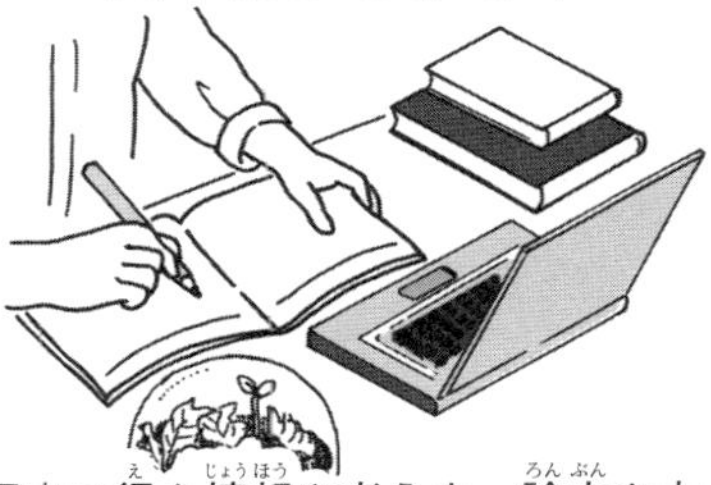

研究で得《え》た情報《じょうほう》や考えを、論文《ろんぶん》や本にまとめて発表しています。

そのほかにも

部活動の指導

ヤギを飼育《しいく》する〈ヤギ部〉や〈生物部〉などを指導しています。

学部長としての仕事

大学の環境学部の学部長として、学部をまとめています。

動物にまつわる言葉

哺乳類《ほにゅうるい》＝体が毛でおおわれていて、子どもを母乳《ぼにゅう》で育てる動物。ヒト、イヌ、ネコなど。

げっ歯類《しるい》＝哺乳類の中の、ネズミやリスの仲間《なかま》。

は虫類《ちゅうるい》＝体がうろこでおおわれていて、卵《たまご》を産《う》む動物。ヘビ、トカゲ、カメなど。

両生類《りょうせいるい》＝皮ふがしめっていて、多くのものは水中に卵を産む動物。イモリ、カエルなど。

鳥《ちょう》　**類**《るい》＝体が羽毛《うもう》でおおわれていて、前肢《ぜんし》がつばさになっている動物。卵を産む。カラス、ニワトリ、ハトなど。

魚《ぎょ》　**類**《るい》＝体がうろこでおおわれていて水中で生活し、卵を産む動物。フナ、コイなど。

成《せい》　**獣**《じゅう》＝子どもをつくることができるまでに成長《せいちょう》した哺乳類。

幼《よう》　**獣**《じゅう》＝哺乳類の子ども。

寄《き》　**生**《せい》＝ほかの動物にくっついたり、体内に入ったりして栄養《えいよう》をとり、生活すること。そのような動物を寄生生物という。

宿　主＝寄生生物に寄生されている動物。

捕食者《ほしょくしゃ》＝その動物を捕《と》らえてえさにする動物のこと。

進　化＝生物が、長い年月の間に変化《へんか》していくこと。

繁《はん》　**殖**《しょく》＝生物が、増《ふ》えていくこと。

適《てき》　**応**《おう》＝その場の環境《かんきょう》や状況《じょうきょう》に合うようになること。

生　息＝生物が繁殖しながら生きること。

形《けい》　**態**《たい》＝外から見た形や状態《じょうたい》。ありさま。

孵《ふ》　**化**《か》＝卵からかえること。

第1章

動物たちのすごい行動

シマリスの赤んぼうの威嚇《いかく》行動

私《わたし》は、シベリアシマリスを対象《たいしょう》にした研究をいろいろとやってきましたが、その中には、心にのこるシマリスたちがいっぱいいます。

比較的最近《ひかくてきさいきん》の研究で、思い出にのこるシマリスといえば、「リラ」と名づけたメスです。リラという名前は、物おじしないそのふるまいの様子を表した「リラックス」という言葉から来ています。いつもは家で、大きなケージに入れて飼《か》っていて、実験《じっけん》のときだけ大学に連《つ》れていきました。リラは活発なメスでしたが、ケージの中でときどき、じっとケージの一点を見つめ、まるでなにかを深く考えているような表情《ひょうじょう》を見せることがありました。はじめての実験装置《そうち》の中に入れても、その場にすぐなれ、周囲《しゅうい》をゆっくり散策《さんさく》するほど落ち着いていて、

「人間だったらさぞ、どんな場面でも冷静《れいせい》さを失《うしな》わない切れ者だっただろう」と思わせるようなリスでした。

一度、リラがケージから逃《に》げたことがありました。それは私が、中央アメリカのホンジュラスという国に、研究で行っているときでした。ある町のホテルにいたとき、妻《つま》から電話がありました。何事かと思ったら、

「リラがケージから出て、なかなかつかまらない。どうしたらよいか」

という話でした。なんでも、逃げ

シベリアシマリスのリラ

たあと、廊下《ろうか》の隅《すみ》に積《つ》んであった段《だん》ボール箱の後ろに入ってリラックスしているようで、ときどきそこから出てきては周囲《しゅうい》を歩き回るということでした。家の中を歩き回られてはこまるので、つかまえようと、妻《つま》が網《あみ》を持って近づいていくと、箱の上にすわって、緊張《きんちょう》する様子もなく、じっと妻のほうを見つめるのだそうです。まるでいろいろなことを考えているような顔をしているので、なんだかこわくて、とても網で捕獲《ほかく》する気にはなれない、というようなことを妻は言いました。

それを聞いて、私《わたし》も「リラならありうることだ」と思いました。そして、携帯《けいたい》電話をにぎって考えこみました。でも、あまり長く考えていては国際《こくさい》電話の料金《りょうきん》が高くなるので、リラの顔を思いうかべながら、力いっぱい頭をはたらかせて、結局《けっきょく》、次のような作戦《さくせん》を妻に告《つ》げました。

1　段ボール箱をたたんで高い壁《かべ》にし、リラが、今いるあたりから外に出られないように廊下にバリケードをつくる。

２　そのバリケード内に、入り口を開けた状態《じょうたい》にしてリラのケージを置《お》き、ケージの中に、リラがすきなえさを入れておく。

そしたらリラはケージに入り、夜になれば巣箱《すばこ》の中でねむるだろう、と考えたのです。

はたして、私の作戦は大成功《だいせいこう》でした。リラを無事《ぶじ》につかまえることができました。

さて、このリラは、二回の出産《しゅっさん》をして合計十一匹《ぴき》の子どもを産《う》みました。父親は二回とも、スチルと名づけた体格《たいかく》のいいオスでした。私は、リラが産んでくれた子リスで、シベリアシマリスの成獣《せいじゅう》に見られるある行動（成獣は、なんと、ヘビの皮ふをかじって自分の体にヘビのにおいをぬりつけるのです。

これは私《わたし》が世界ではじめて発見した行動で、SSA《エスエスエー》と名づけられました。くわしくは、120ページ参照《さんしょう》）が、どのような経過《けいか》をたどって発達《はったつ》していくのかを調べていたのです。

ところがです。私はあるとき、その子リスたちが、SSAとはちがう、これまたおどろくべき行動を行うことを発見することになりました。その行動とは、見出しにあげた「シマリスの赤んぼうの威嚇《いかく》（*）行動」です。生後十日目くらいで、目はまだ開いておらず、その場で体を動かすことはできても移動《いどう》することはまだできないようなおさな幼《おさな》いシマリスのベイビーたちが、巣箱《すばこ》を開けた私にはげしい威嚇を向けたのです。

通常《つうじょう》は、その時期は母親も過敏《かびん》になっているので、私も巣箱を開けたりはしないのですが、そこはそれ、母親はあの物おじしないリラです。リラは、巣箱から外へ出てえさを食べているときに、私が巣箱のふたを開けようとしても、特《とく》に気にする様子もありませんでした（リラは私にはよくなれていたのです）。母親がリラだったからこそ、私はそんなことができたのでしょう。

さて、シマリスのベイビーたちの威嚇行動とは、どんなものだったのか、お話ししましょう。

六匹《ぴき》いたベイビーたちが、なんと、全員、リズムを合わせて（！）、体をのけぞらせながら大きく口を開け、力いっぱいの発声で、カタ、カタ、カタ、カタ……！　と鳴いたのです。カタ、カタ、カタ……！　そして数秒してカタ、カタ、カタ……！　また数秒してカタ、カタ、カタ……！　それを、全員がリズムをぴったり合わせてくり返しやるものですから、私は、巣箱の中に一匹の大きな怒《おこ》った動物がいるような錯覚《さっかく》を感じました。自然界《しぜんかい》では、実際《じっさい》のリスの巣は土の穴《あな》の中にあるわけなので、「暗闇《くらやみ》でこれをやられたら、これはこわいわー」とも思いました。ちなみに、その後の研究で、この行動には巣穴に侵入《しんにゅう》したイタチを追いはらう効果《こうか》があることがわかりました。

これまで知られている、哺乳類《ほにゅうるい》の幼獣《ようじゅう》が捕食者《ほしょくしゃ》から身を守る方法《ほうほう》は、「とにかく身をかがめてしずかにすること」というものです。シマリスの幼獣のように果《か》敢《かん》な反撃《はんげき》をする事例《じれい》は、私《わたし》が知るかぎりではじめてです。

おそるべしシマリスベイビー、なのです。

＊ 力や武力《ぶりょく》などをしめして、おどすこと。

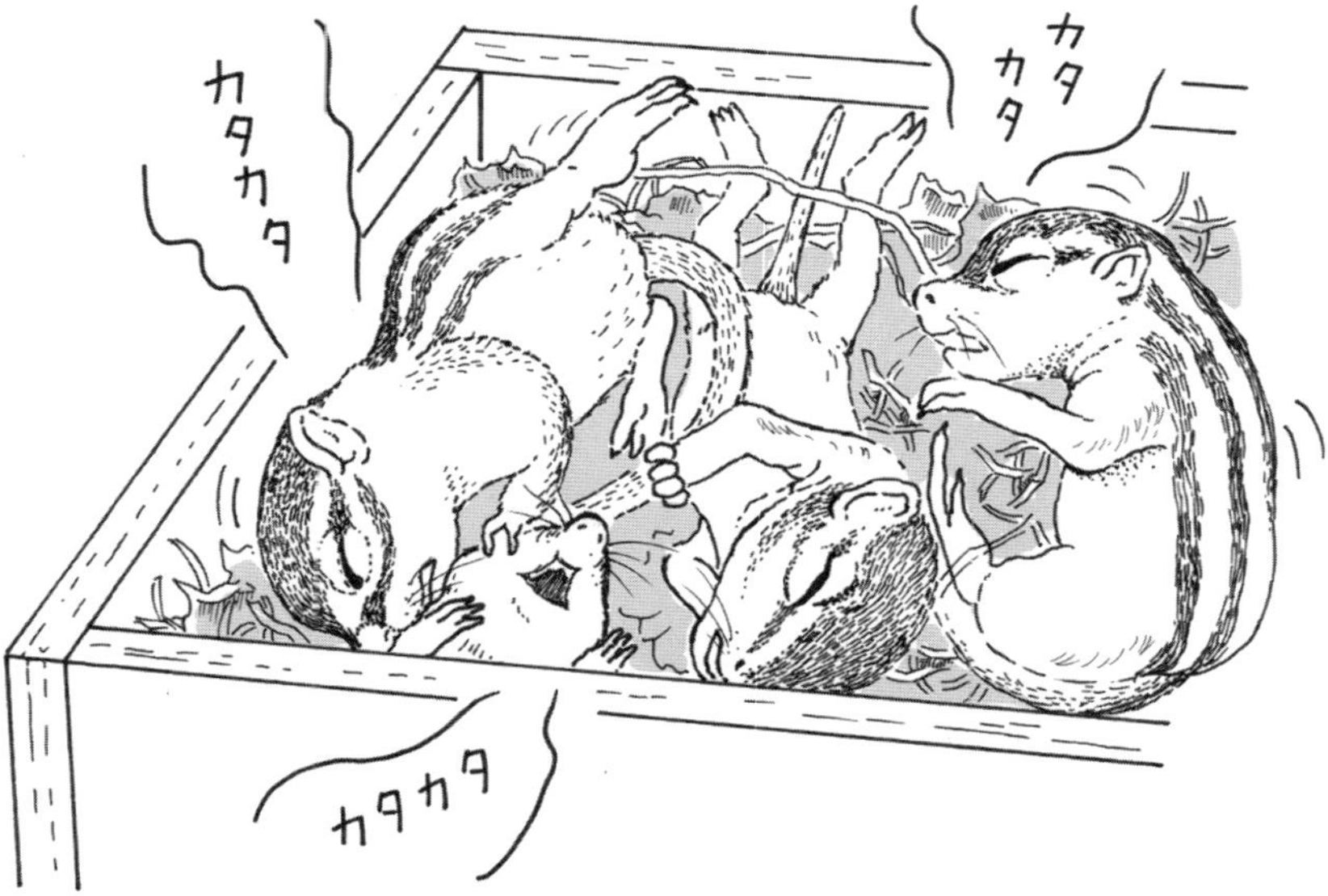

リズムを合わせて威嚇《いかく》する

ヒキガエルは曲がった黒チューブをヘビだと思う？

私が一か月ほど大学の研究室で飼育《しいく》した、ヒキガエルの話をしましょう。岡山《おかやま》県と鳥取県の境《さかい》にある中国山地の中腹《ちゅうふく》に、豊《ゆた》かな自然《しぜん》にかこまれた芦《あし》津渓谷《づけいこく》があります。私はその森で、ここ四、五年、何種類《しゅるい》かの哺乳類の調査《ちょうさ》をしています。そして、ある調査のとき、学生が、調査地の森の斜面《しゃめん》で、オタマジャクシが成長《せいちょう》し、体長五センチメートルほどになった子どものヒキガエルを見つけました。

ヒキガエルは、今ではずいぶんと数が減《へ》り、鳥取県でもなかなか目にすることができない種類になってしまいました。でも、芦津渓谷の森には、まだたくさん生息しています。早春には、雪解《ゆきど》けでそこらじゅうにできた水たまりに、黒くて小さな卵《たまご》がたくさん連《つら》なった〝卵塊《らんかい》〟を見ることができます。

また、たおれてくさった木を持ち上げるなどすると、その下に、大きなヒキガエルがじっと身をかがめているのに出合うこともあります。大きなヒキガエルはとてもかんろくがあり、落ち着いた様子でこちらを見てくるので、そんなとき私《わたし》は、

「どうもすみません」

と言って木を元にもどします。

いっぽう、子どものヒキガエルに出合うことは比較的《ひかくてき》めずらしいので、学生が子どものヒキガエルを見つけたとき、私は、その子を大学に持って帰ることにしました。一つ、実験《じっけん》してみたいこともあったからです。

大学（の研究室）では、そのカエルに「ヒキ」という名前をつけ、キャンパス（＊1）の中で、昆虫《こんちゅう》やミミズをつかまえてきてえさにしました。四つんばいになって、木の根元を掘《ほ》り、ミミズをつかまえている私を見て、学生や職員《しょくいん》の人たちは、怪訝《けげん》そうな顔をして通り過《す》ぎていきました。でも、私はまっ

たく気にしませんでした。なにしろヒキがえさを食べるのを見るのはおもしろかったですし、そのヒキで実験するのを楽しみにしていたからです。

さて、その実験《じっけん》の内容《ないよう》についてお話しする前に、動物行動学の勉強を一つしてください。

動物が、ある行動をしたり、ある感情《かんじょう》を感じたりするとき、それを引き起こす原因《げんいん》となるような刺激《しげき》を、動物行動学では「鍵《かぎ》刺激」とよぶことがあります。たとえば、次のような場合です。

トゲウオという、体長六センチメートルほどの淡水魚《たんすいぎょ》がいて、その魚は、繁殖期《はんしょくき》（＊2）になると、オスの腹《はら》が赤くなります。そうなるとオスは、水の底《そこ》になわばりを持ち、そのなわばりの中に枯《か》れ葉などを集めて〝巣《す》〟をつくります。なわばりと巣をつくったオスは、近くにやってきたメスに求愛《きゅうあい》のダンスをして、メスを巣へとさそいます。いっぽう、腹が赤くなったべつのオスがなわばりの中に入ってくると、そのオスにはげしい攻撃《こうげき》をしかけて、自分のなわばりから外へ追い出そうとします。

一九七三年に、動物の研究で、ノーベル賞《しょう》を受賞したニコ・ティンバーゲン（オランダ、一九〇七〜一九八八年）は、わかいとき、トゲウオのオスは、なわばりに侵入《しんにゅう》してきたべつのオスの、なにに反応《はんのう》して攻撃をしかけるのかを調べました。ティンバーゲンは、自作のモデルをつくって実験したのですが、その結果《けっか》はおどろくものでした。なわばりの主であるオスは、形や大きさはどうでもよく、とにかく赤色のものに対して攻撃をしかけたのでした。言うまでもなく、その〝赤〟は、繁殖期を迎《むか》えたオスの特徴《とくちょう》だったのです。

このように、ある行動が、単純《たんじゅん》な、しかし特徴的《てき》な刺激によって引き起こされる場合、それを鍵（刺激）と錠前《じょうまえ》（行動）に見立てて、鍵刺激とよぶのです。

錠前（行動）は、鍵（刺激）で開く（起こる）

さて、私《わたし》がヒキに手伝《てつだ》ってもらって行った実験《じっけん》の話です。ヒキガエルは、かま首をもたげたヘビに出合ったとき、威《い》嚇《かく》するための行動として、「四つんばいになって、体をゆらす」ことが知られています。問題は、「その行動の鍵《かぎ》刺《し》激《げき》はなにか」ということです。読者のみなさんは、下の写真を見て、ヒキガエルによるヘビへの威嚇行動の鍵刺激がどんなものか、わかりましたでしょうか。考えてみてください。

（答えは、134ページ）

＊1　大学などの敷地《しきち》の中。または、校庭。

＊2　子どもをつくる季節《きせつ》。

チューブに対して威嚇行動をするヒキ

カマキリの体内に寄生《きせい》するハリガネムシ

四年ほど前、私のゼミ（*）のN《エヌ》くんが、カマキリの体内に寄生するハリガネムシの研究をしました。

ハリガネムシというのは、その名のとおり黒いひものような形をした「線《せん》形虫類《けいちゅうるい》」とよばれるグループに分類《ぶんるい》される動物です。体の表面は、クチクラというかたい層《そう》におおわれていて、手に持つと、針金《はりがね》のような感触《かんしょく》がします。カマキリの腸《ちょう》の中にいても消化されないのは、このクチクラ層のおかげかもしれません。

このハリガネムシは、秋になると、カマキリの腸から肛門《こうもん》を通って外に出ます。ただし、外へ出たとき、そこがかわいた陸地《りくち》だったら、ハリガネムシはひからびて死んでしまいます。そこでハリガネムシは、なんと、寄生宿主であるカマキリをあやつって、水場に入るようにさせるということがわかってきました。「どのようにしてカマキリの行動をあやつるのか」については、まだ十分にはわかっていません。ただ、これまでの研究から、おそらくハリガネムシが体から化学物質《ぶっしつ》を出し、それがカマキリの脳《のう》にはたらきかけて、水場（池や小川）へ向かうようにしむけるのではないかと考えられています。

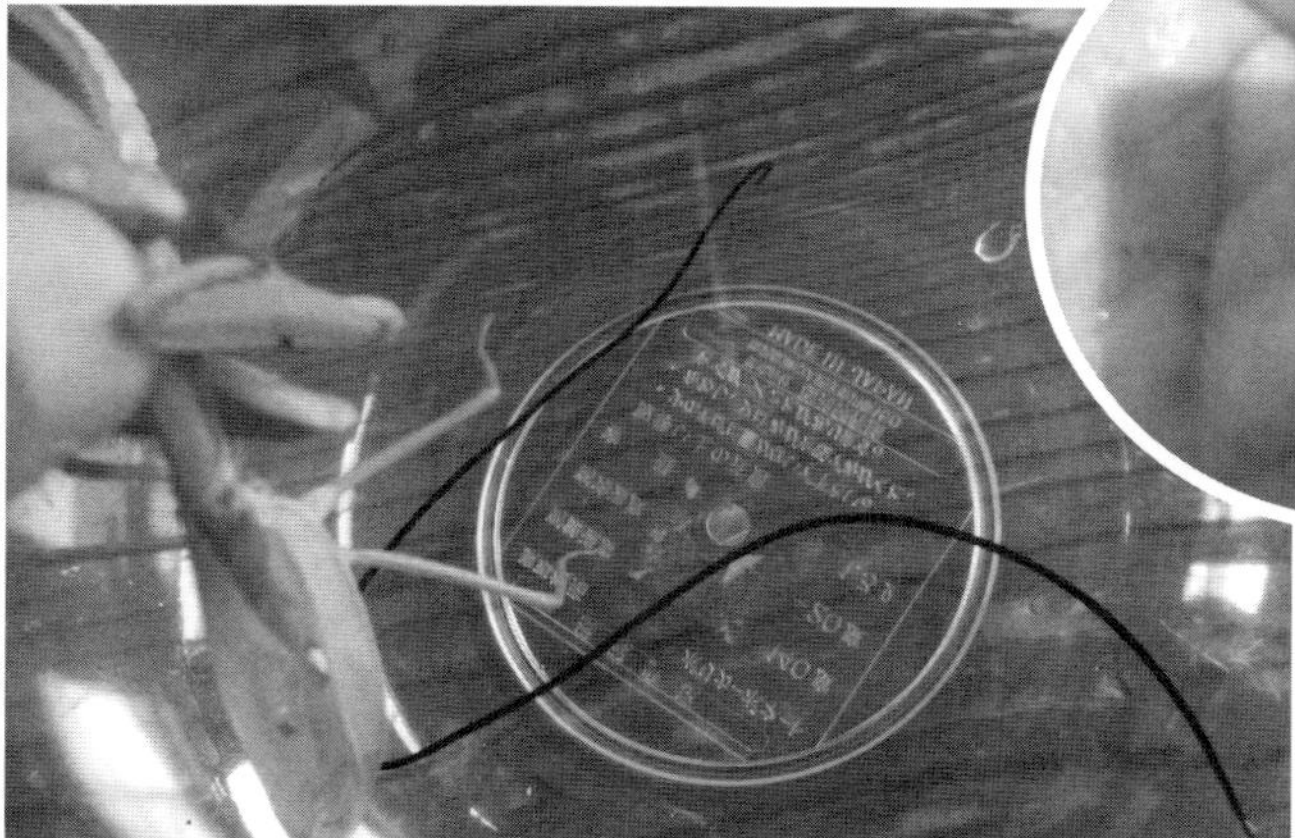

カマキリの肛門《こうもん》から出てくるハリガネムシ

さわるとかたい

さて、カマキリが水場に入ると、ハリガネムシは、腸《ちょう》の中でそれを察知《さっち》します。そして、肛門から出て水の中に泳ぎだすわけです。N《エヌ》くんの研究によると、ハリガネムシは、カマキリの全身が水につからなくても、腹部《ふくぶ》がつかっただけで肛門から出ていくようです。

ハリガネムシの生活は、その後も波乱《はらん》に満《み》ちています。水の中でオスとメスが出合い、交尾《こうび》をして卵《たまご》を産《う》みます。すると、その卵は、水中にすむカゲロウやトビケラなどの幼虫《ようちゅう》に食べられるのだそうです。しかし、卵は消化されることなく、しばらく腸の中に潜《ひそ》んでいます。そして、次にどんな波乱が起きるのか？　やがて、カゲロウやトビケラの幼虫は羽化《うか》して成虫《せいちゅう》になり、空中へととんでいきます。そして、草原や林をとび回ります。すると、草や木の枝《えだ》の上で待ち構《かま》えているカマキリに食べられるのです！　このようにして、ハリガネムシはめでたく（?）、カマキリの腸の中にもどってきます。

そこで一人前のハリガネムシに成長《せいちょう》し、そしてまた秋になると……。これで、ハリガネムシの一生が一回りしました。こうしてハリガネムシの命（正確《せいかく》には、ハリガネムシの遺伝子《いでんし》）は、地球の中で代だい受け継《つ》がれていくのです。

さて、N《エヌ》くんは研究の中で、「カマキリの中では、どんな種類《しゅるい》のカマキリがハリガネムシに寄生《きせい》されやすいのか」についても調べました。周囲《しゅうい》に林も広がる、大学のキャンパスの中には、四種類のカマキリがいました。オオカマキリ、チョウセンカマキリ、ハラビロカマキリ、コカマキリです。そしてこれらのカマキリは、えさを取る場所が異《こと》なっており、オオカマキリとコカマキリ、チョウセンカマキリは主に地面で、ハラビロカマキリだけは、草の上や木（枝《えだ》）の上で狩《か》りをする習性《しゅうせい》があります。

では、みなさんは、これら四種のカマキリの中で、ハリガネムシに寄生されやすいのは、どれだと思いますか？

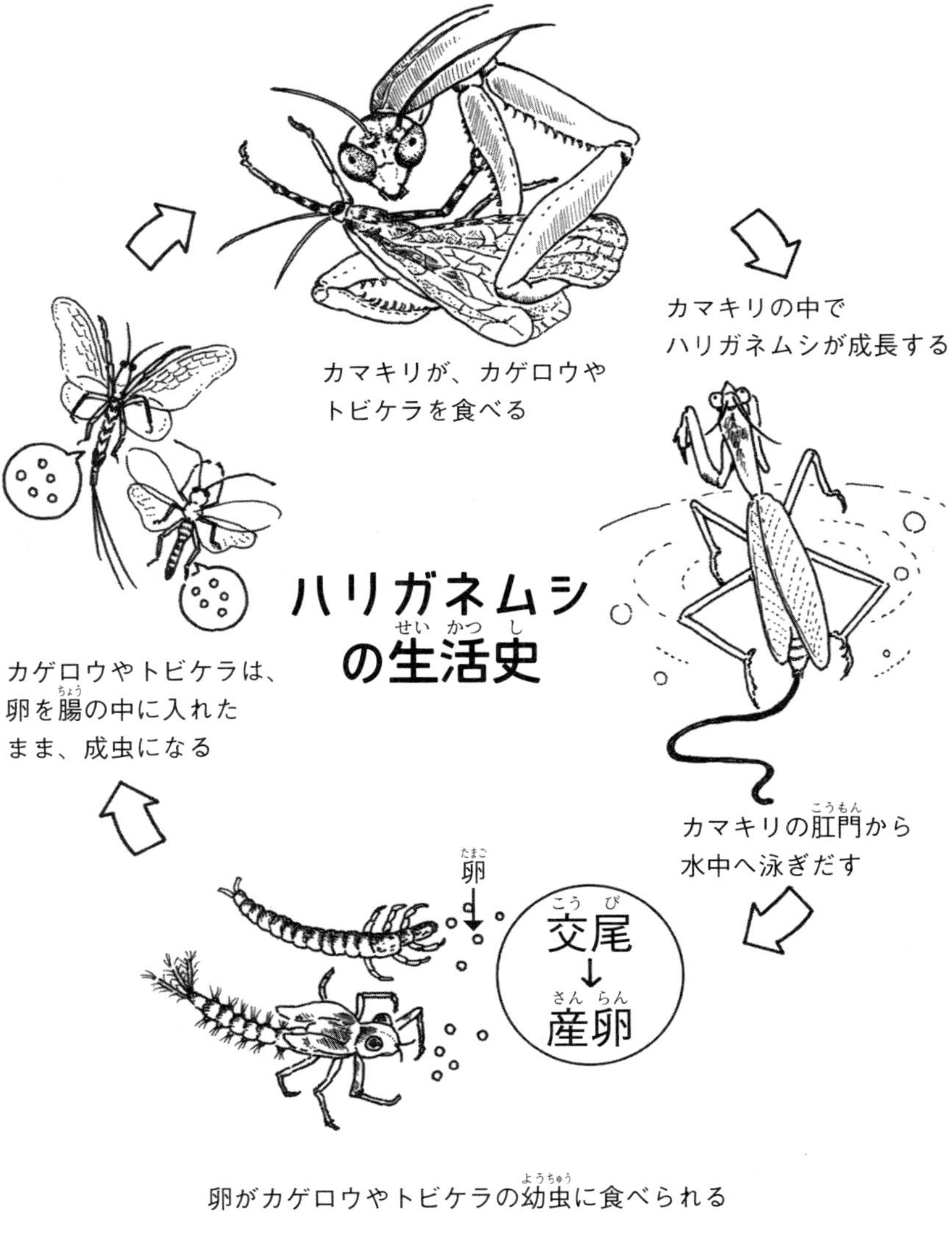
ハリガネムシの生活史《せいかつし》
カマキリが、カゲロウやトビケラを食べる
カマキリの中でハリガネムシが成長する
カマキリの肛門《こうもん》から水中へ泳ぎだす
交尾《こうび》
産卵《さんらん》
卵《たまご》
卵がカゲロウやトビケラの幼虫《ようちゅう》に食べられる
カゲロウやトビケラは、卵を腸《ちょう》の中に入れたまま、成虫になる

N《エヌ》くんは、ハラビロカマキリだと考えました。なぜなら、カゲロウやトビケラは、空中をとびますから、草や木の上で待ち構《かま》えているハラビロカマキリに捕獲《ほかく》されやすいのではないかと考えたのです。そして、実際《じっさい》にそうなっているのかどうか、キャンパスの四種《しゅ》のカマキリをたくさんつかまえて調べてみました。その結果《けっか》は、予測《よそく》どおりでした。ハリガネムシが入っていた個《こ》体《たい》の割合《わりあい》は、オオカマキリでは三パーセント、チョウセンカマキリ十二パーセント、コカマキリでは十一パーセントだったのに対し、ハラビロカマキリでは五十四パーセントだったのです。

おそるべし、ハリガネムシ！　といったところですが、実は、自然界《しぜんかい》には、ハリガネムシのように、ほかの生物の体内に入って、その生物をあやつる寄《き》生《せい》生物がたくさんいることがわかっています。そしてそれは、人間でも例外《れいがい》ではありません。いろいろな生物が、体内から人間をあやつっているのです。

その話は、また今度。

＊教授《きょうじゅ》の指導《しどう》のもと、少人数の学生が研究すること、または、そのクラス。

魅力的《みりょくてき》な土壌《どじょう》動物

～人間の常識《じょうしき》の枠《わく》では測《はか》れない生き方～

私《わたし》が小さいころから、そして今でも、とても魅力を感じている「土壌動物」について書きます。そして、終わりのほうで、土壌動物の一種を題材《だいざい》にして、動物行動学の〝見方〟について少し理屈《りくつ》っぽいお話をします。

「土壌動物」と聞いたら、みなさんはどんなことを連想《れんそう》されるでしょうか。土壌動物とは、その言葉のとおり、森などの地面で生活している動物を指します。広い意味では、モグラのような大きな動物も土壌動物に入りますが、今回話題にするのは、ワラジムシやダンゴムシ、トビムシ、ミミズ、カニムシといった比較的《ひかくてき》小さな土壌動物の話です。

土壌動物は実に多様で、世界でも、日本でも、まだ学名がつけられていない種類《しゅるい》のものや、その存在《そんざい》さえ知られていない種類のもの（いずれも新種ということになります）がたくさんいると考えられています。つまり、土壌《どじょう》動物の世界は、まだまだなぞにつつまれた未知《みち》の世界だということができます。

私《わたし》が土壌動物にひかれる理由の一つは、それぞれに特有《とくゆう》な形態《けいたい》や行動を見せるたくさんの動物が、小さな空間の中に生きており、その動物たちの様子をかんたんに見ることができるという点です（もちろん好奇心《こうきしん》と忍耐力《にんたいりょく》も必要《ひつよう》ですが）。落ち葉が降《ふ》り積《つ》もった森の地面の土を一にぎり持ち帰り、少量《しょうりょう》の落ち葉とともに透明《とうめい》な容器《ようき》に入れておくだけでいいのです。透明なプラスチック（あるいはガラス）面を通して、一生懸命《けんめい》に動き回る土壌動物のすがたを見ることができるはずです。

土壌動物は、生態系《せいたいけい》（＊1）のはたらきのうえでもとても大切な役割《やくわり》を果《は》たしており、落ち葉や枯《か》れ木、死んだ動物などの分解《ぶんかい》（分解されたものはやがて、再《ふたた》び植物に、栄養《えいよう》として吸収《きゅうしゅう》されます。つまり生態系の中を物質《ぶっしつ》がめぐっているのです）に欠《か》かすことができないのです。

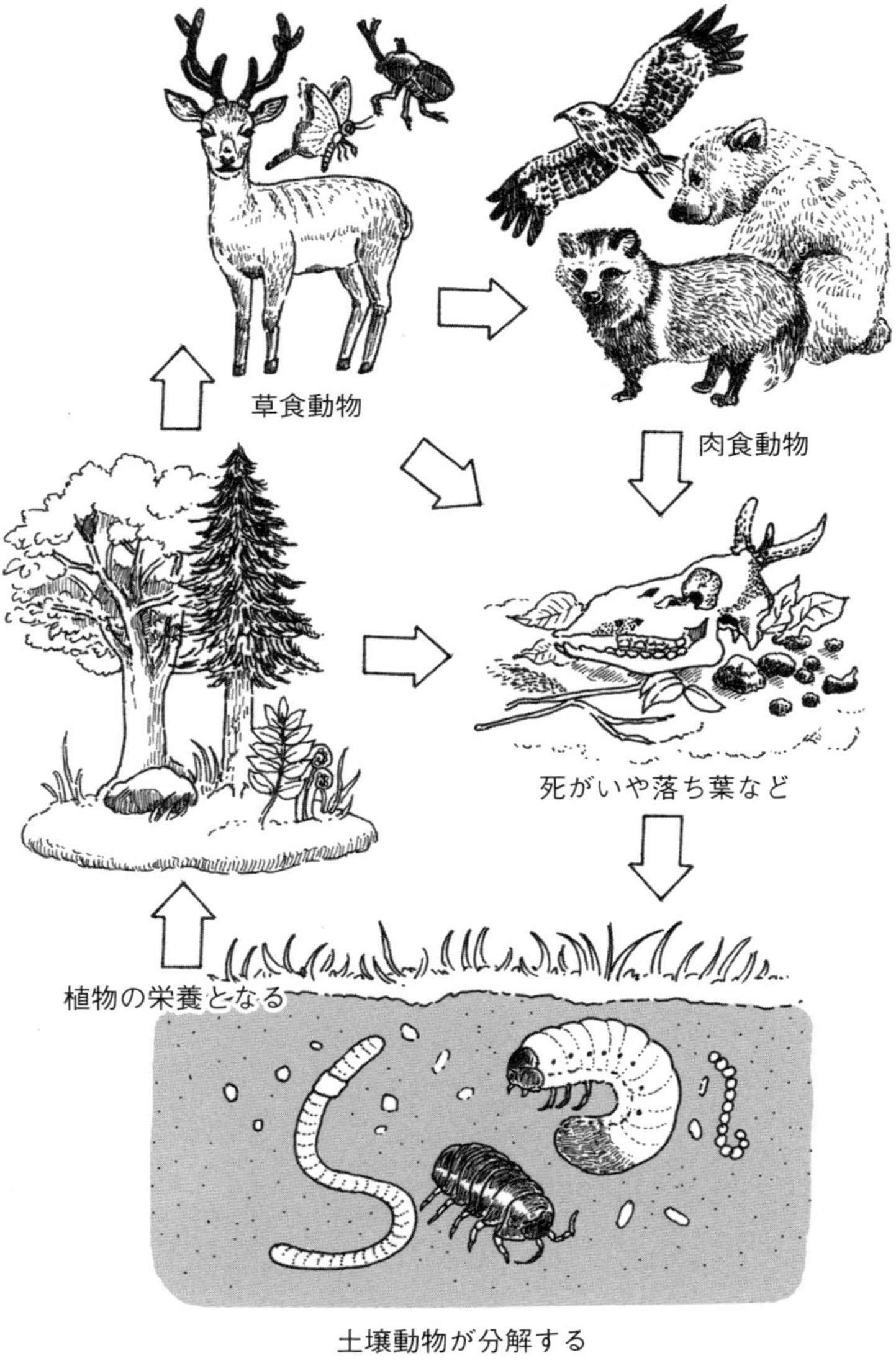

ただし、私《わたし》がひかれるのは、特《とく》にかれらが〝生態系《せいたいけい》のはたらきの中で重要《じゅうよう》な機能《きのう》を持った一群《いちぐん》〟だから、というわけではありません。カマキリやアマガエル、ムクドリなど、どんな生き物もそれぞれ独自《どくじ》の生き方をしていて魅《み》力的《りょくてき》ですが、同じような意味で、土壌《どじょう》動物もこれまた独自の生き方を見せてくれます。そして、一見すると無秩序《むちつじょ》（＊2）な土壌の中で、ひっそりと、しかし実際《じっさい》にはさまざまな習性《しゅうせい》を持ってにぎやかに生きている、一種《しゅ》一種の土壌動物がすきなのです。そこにも小さな宇宙《うちゅう》があるのです。

さて、私の特にお気に入りの土壌動物の中に「ハサミムシ」がいます。ハサミムシは、その名のとおり、尾《お》に、クワガタムシの角と同じ形態《けいたい》で、それを形はそのままに小さく小さくしたような〝ハサミ〟を持っています。ハサミムシは、その尾のハサミで、ほかの土壌動物（ダンゴムシやクモなど）をはさみ、つかまえて食べます。アフリカで言えば、ライオンのように、ほかの動物を食料《しょくりょう》にする存在《そんざい》です。

西日本で身近に見られるハサミムシには、ヒゲジロハサミムシ、オオハサミムシなど、いろいろな種類《しゅるい》がいますが、そのほとんどは、土の中に穴《あな》を掘《ほ》って白い卵《たまご》を数十個《こ》産み、母虫はそれらが孵化《ふか》するまで、ほかの肉食性《にくしょくせい》の土壌動物から守ったり、卵の表面にしのびよる菌糸《きんし》（＊3）をとってやったり、とてもかいがいしく保護《ほご》します。

ところがです。コブハサミムシでは、母虫の保護のもと、卵内《らんない》で成長《せいちょう》し、孵化した子虫が最初《さいしょ》にすることは、みん

ハサミムシ

なで母虫を食べつくすことです。母虫はまったく抵抗《ていこう》しません。母虫が食べられたあとには、羽や尾《お》の〝ハサミ〟がのこるだけです。なぜコブハサミムシだけがこのような習性《しゅうせい》を持つのか？　それについては、まだはっきりとはわかっていません（コブハサミムシは、ほかのハサミムシより産卵期《さんらんき》が早く、子虫が孵化《ふか》したときにえさがとぼしいために母虫を食べるのではないか、などの仮説《かせつ》が考えられていますが、はっきりとはわかっていません）。

読者のみなさんは、この話を読んで、どう思われましたか。「コブハサミムシの子どもは残酷《ざんこく》だ」とか「コブハサミムシの母親はとても子ども思いだ（人間もわが身をふり返らなければならない）」とか思われたでしょうか。

でも、動物行動学では、そんなふうには考えません。そのような思いは、あくまで、「人間（という動物）の枠《わく》の中だけで考えた、視野《しや》の狭《せま》い見方」とでも言えばよいのでしょうか。動物行動学者は、〝科学〟という道具をたずさえ、「人間の見方（その中には、人間という動物に特有《とくゆう》な感情《かんじょう》もふくまれます）」から外に出て、いろいろな生物の生き方を見つめます。

もちろん、動物行動学者も人間ですから、残酷だと感じたり、立派《りっぱ》だと感じたりすることは、当然《とうぜん》あります。でもそれで終わりにはしないということです。地球上で進化のふるいをくぐりぬけて生存《せいぞん》しつづけている生き物の「生き方」は一通りではないですし、どの生き方が優《すぐ》れているとか、劣《おと》っているといった見方はしないのです。

そして、動物行動学者のそういった見方は、次のような点で重要《じゅうよう》だと思うのです。

① 人間の枠の中から見れば当たり前すぎて気にもとめない人間の特性《とくせい》が、人間の外側《そとがわ》に出て見ることによってはじめてはっきりと意識《いしき》でき、人間という動物を深く理解《りかい》することにつながる。

②「正義《せいぎ》」とか「善《ぜん》」といった言葉にむやみにしたがうのではなく、それらの感情《かんじょう》は生物学的《てき》にどのような意味を持った感情であり、地球上で生存《せいぞん》するうえで、どのように役に立ってきたのかを考えることができる。

それがこれからの人間の、あるいは人類《じんるい》の幸福《こうふく》に欠《か》かせない思考だと思うのです。

＊1　自然界の、ある地域《ちいき》に住む生物すべてと、それらに関係《かんけい》する環境《かんきょう》。

＊2　ルールなどがないこと。

＊3　カビなどを形づくる細い糸状《いとじょう》の細胞《さいぼう》などのこと。

人間をあやつる寄生生物《きせいせいぶつ》 ～メジナチュウ、ギョウチュウ～

この本で前に、「カマキリの体内に寄生するハリガネムシ」と題した話を書きました。そして、話の最後《さいご》で、次のような約束《やくそく》をしました。

「おそるべし、ハリガネムシ！　といったところですが、実は、自然界《しぜんかい》には、ハリガネムシのように、ほかの生物の体内に入って、その生物をあやつる寄生生物がたくさんいることがわかっています。そしてそれは、人間でも例外《れいがい》ではありません。いろいろな生物が、体内から人間をあやつっているのです。その話は、また今度。」

さて、これから、その「今度」の話をしましょう。

ちなみに、最初《さいしょ》に一つ断《ことわ》っておきたいことがあります。それは、「○×が人間をあやつる」と言うと、○×には意志《いし》があってそうしている、と言っているように聞こえるかもしれませんが、決してそうではないということです。それは単《たん》に、「○×が活動して、その結果《けっか》、人間が、○×の繁殖《はんしょく》に役立つような行動をするようになった」ということを言っているだけのことです。○×に意志や意識《いしき》があると言っているわけではありません。

数年前、アメリカのNGO《エヌジーオー》（＊1）カーターセンターが次のような発表をしました。

「アフリカに多い寄生虫病《きせいちゅうびょう》の一種《しゅ》、メジナチュウ症《しょう》が数年以内《いない》にも根絶《こんぜつ》できる見通しになった」

もし、メジナチュウ症の根絶に成功《せいこう》できれば、人類《じんるい》の歴史《れきし》の中で、天然痘《てんねんとう》に次ぐ二つ目の、病気を引き起こす生物絶滅《ぜつめつ》の例《れい》になるということです。

メジナチュウというのは、線虫類《せんちゅうるい》に属《ぞく》し、成虫《せいちゅう》の体の長さは、五～十センチメートルです。メジナチュウの幼虫《ようちゅう》は、熱帯《ねったい》地方の池や沼《ぬま》などの水場にいて、ミジンコ（＊2）に食べられます。そして、人間がその水場の水を飲むときに、ミジンコもいっしょに飲みこむと、腸内《ちょうない》でミジンコは分解《ぶんかい》されるのですが、メジナチュウの幼虫は分解されることなく生きのこるそうです。その後、幼虫は、腸《ちょう》の壁《かべ》を通って、医学用語では「腹腔《ふくこう》」とよばれる内臓《ないぞう》と内臓の間の空間に入りこみます。

やがて幼虫は、一年間ほどかけて成虫になり、異性《いせい》を見つけて交尾《こうび》したあと、メスは産卵《さんらん》のために、（宿主である人間の）足の皮ふの下に移動《いどう》します。そしてメスは、そこで酸《さん》を分泌《ぶんぴつ》し、皮ふの組織《そしき》を溶《と》かすのです。すると人間は、やけどのような痛《いた》みを感じるため、足を冷《つめ》たい水につけたくなって水場に向かうのです。つまりメジナチュウのメスは、人間の体内で人間をあやつって、水の中に入らせるわけです（このあたりは、ハリガネムシの場合に似《に》ていますね）。

メスのメジナチュウは、人間が足を水につけたことを感じ取り、酸《さん》で溶《と》かしてつくっておいた皮ふの穴《あな》から白い液《えき》を吐《は》き出すのですが、その液体の中に、何千という幼虫《ようちゅう》が入っているのです。こうして水中に広がった幼虫は……、そうです、ミジンコに食べられて、世代が一回りする、というわけです。

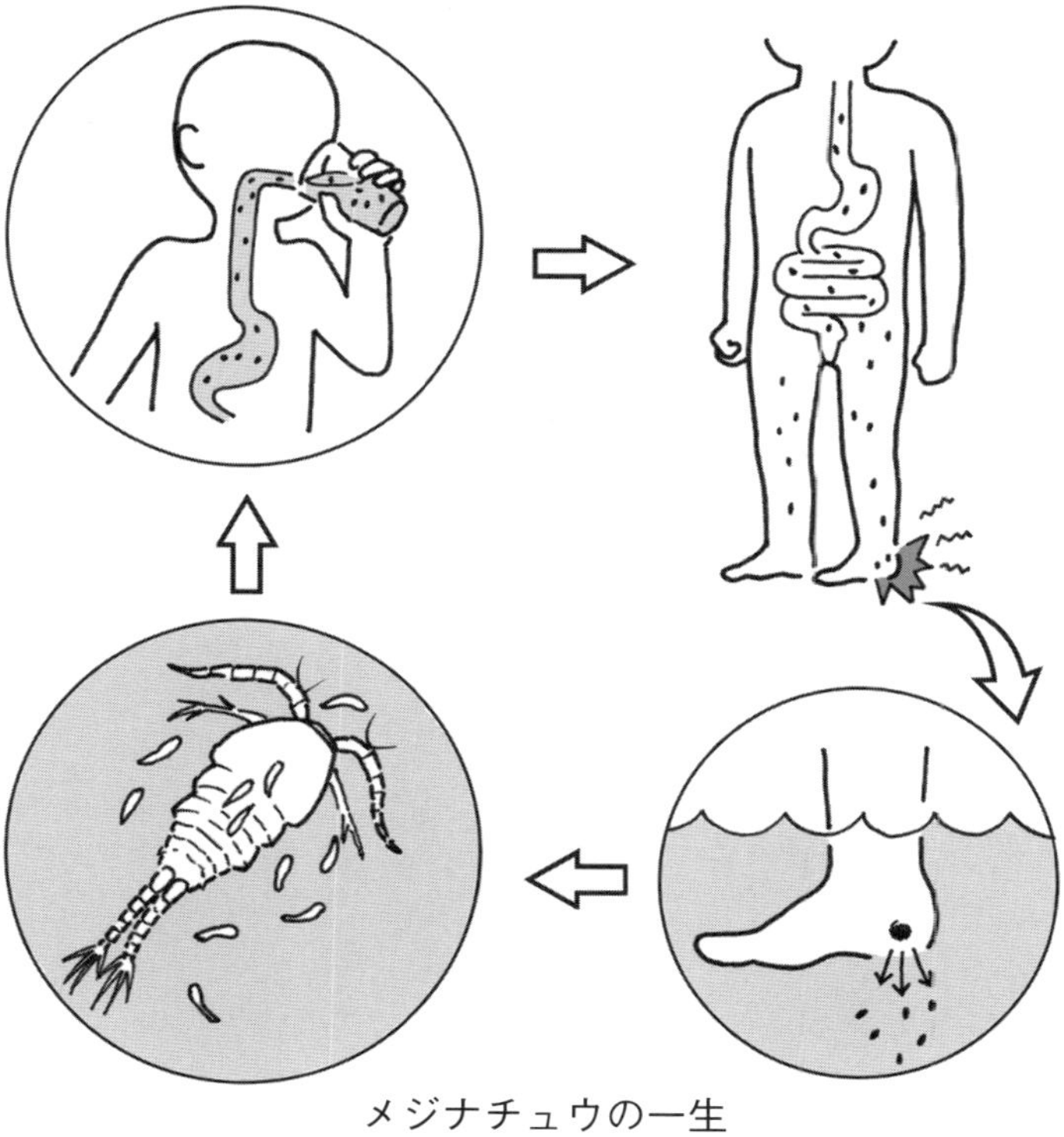

メジナチュウの一生

人間をあやつって繁殖《はんしょく》する寄《き》生虫《せいちゅう》の例《れい》をもう一つあげましょう。

それはギョウチュウです。

読者のおじいさんやおばあさんは、子どものころに学校で、ギョウチュウ検査《けんさ》をしたり、ギョウチュウを殺《ころ》す薬《くすり》を飲んだりした経験《けいけん》があると思います。

私《わたし》もそのような経験をした一人です。

現在《げんざい》でも、ギョウチュウはしっかり人間に寄生して生きており、たとえばアメリカの子どもでは、その約《やく》半数がギョウチュウに寄生されたことがあるそうです。

ギョウチュウは、人間の大腸《だいちょう》の中で栄養《えいよう》をとって成長《せいちょう》し、異性《いせい》と交尾《こうび》し、卵《たまご》を持ったメスは、夜になると腸《ちょう》の出口、つまり肛門《こうもん》まで移動《いどう》して、尻《しり》の穴の周辺《しゅうへん》の皮ふに卵を産《う》みつけます。そしてそのとき、皮ふを刺激《しげき》してかゆみを感じさせるたんぱく質《しつ》も、くっつけていくのです。

さて、ギョウチュウにそんな悪さをされた人間が朝起きてすること、それは、まだ目が覚《さ》めず、はっきりしない意識《いしき》の中で、かゆい尻《しり》の穴《あな》の周《まわ》りをかくことです。するとギョウチュウの卵《たまご》は、まず、その人のつめの裏側《うらがわ》に入り、その後、その人がさわるものへと次つぎと広がっていくことになります。たとえば、台所のドアノブやコップにもさわるかもしれません。

やがてそれらの卵が、家族の人たちの手にくっつき、それから食べ物について大腸《だいちょう》の中に入っていくということは、おおいにあることです。そして、腸《ちょう》の中で卵は孵化《ふか》し、栄養《えいよう》をとって成長《せいちょう》して、異性《いせい》と交尾《こうび》し……あとはこのくり返しです。こうして、ギョウチュウは、人間をあやつって繁殖《はんしょく》していくのです。

ちなみに、私《わたし》は今でも、子どものころ、朝起きて、かゆみを感じてかいたのをおぼえています。そのころの検査《けんさ》の結果《けっか》は、〝ギョウチュウ：陽性《ようせい》〟でした。

もちろん、この話の中でもっとも重要《じゅうよう》な点は、メスのギョウチュウが、宿主の尻の穴の周辺《しゅうへん》の皮ふに卵とかゆみ物質《ぶっしつ》をつけることです。そのことによって、人間をあやつり、卵をつめの裏に移動《いどう》させることなのです。

人間をあやつって繁殖する寄生《きせい》生物の例《れい》は、まだまだいっぱいあります。身近なところでは、ウイルス（＊3）が原因《げんいん》でかぜ（またはインフルエンザ）をひいたときに、私たちはせきをします。するとだ液《えき》の中のウイルスが、空中をとんで周りの人の体内に吸《す》いこまれることになります。これに関《かん》しても、多くの研究者が、「ウイルスが人間の神経系《しんけいけい》に作用して、せきをさせている」と推察《すいさつ》しています。

人間も、知らず知らずのうちにほかの生物にあやつられて行動をとっています。それは私たちが、自分自身を理解《りかい》するうえで、知っておかなければならない重要なことなのです。

＊1　民間《みんかん》がつくる組織《そしき》や団体《だんたい》。非政府組織《ひせいふそしき》（NGO：Non-Governmental Organization）の略《りゃく》。国際的《こくさいてき》に活動するものが多い。

＊2　水中にすむ非常《ひじょう》に小さな生物であり、エビやカニなどと同じ甲《こう》かく類《るい》の一種《しゅ》。

＊3　ウイルスは、自分だけでは増《ふ》えることができないため、「生物ではない」とされることもある。

第2章

動物と人間のくらし

絶滅《ぜつめつ》が心配されるナガレホトケドジョウ

現在《げんざい》、日本全土で生息地が減少《げんしょう》し、絶滅のおそれがあると心配されている「ナガレホトケドジョウ」という魚の話をしましょう。

ちなみに、名前のはじめに「ナガレ」という言葉がつけられた動物としては、ナガレホトケドジョウのほかに、「ナガレヒキガエル」や「ナガレタゴガエル」なども知られています。このナガレという言葉は、河川《かせん》の上流の、流れが速い渓流《けいりゅう》に生息することを意味しています。

「ナガレヒキガエル」「ナガレタゴガエル」は、それぞれ、ナガレが頭につかない「ヒキガエル」「タゴガエル」によく似《に》ていますが、形態《けいたい》などに多少のちがいがあり、近年になって、新種《しんしゅ》として登録《とうろく》されたという経緯《けいい》があります。ナガレホトケドジョウについても事情《じじょう》は同じです。「ナガレ」のついていない「ホトケドジョウ」は、平野部の流れのおだやかな小川などにすむドジョウの一種《しゅ》です。でも体形は、名前からも想像《そうぞう》できるように、ふつうのドジョウとちがって、仏像《ぶつぞう》のようにずんぐりしており、顔も、どこか仏様《ほとけさま》を連想《れんそう》させるようなおだやかな表情《ひょうじょう》をしています。

いっぽう、「ナガレホトケドジョウ」は、流れの速い上流の、細い渓流にすんでいて、ホトケドジョウによく似てはいますが、体形がホトケドジョウより平たくてスマートです。そもそも人目にふれることが少なく、ホトケドジョウに地域的変異《ちいきてきへんい》（＊1）が起こったものだと考えられていました。しかし、最近《さいきん》になって、専門的《せんもんてき》な見方から、べつの種類《しゅるい》だと考えたほうがよい、ということになりました。

鳥取県では、ずっとナガレホトケドジョウの生息は確認《かくにん》されていませんでした。二〇〇三年になってはじめて一匹《ぴき》見つかり、その後、私《わたし》が鳥取県東部の山間の谷をさがしもとめて、個体群《こたいぐん》（＊2）といえるほど多くのナガレホトケドジョウが生息する場所を見つけました（その発見までには一年近くの時間がかかりました）。

その場所を見つけたときの感動は、今もわすれられません。急な斜面《しゃめん》を流れる谷川で、底《そこ》の砂《すな》ごとすくい上げた網《あみ》の中に、元気よくはねる魚のすがたが見え、それがナガレホトケドジョウだと確認できたときは、とてもう

ナガレホトケドジョウ

れしかったです。

その後、ナガレホトケドジョウを研究室で飼育《しいく》したり、生息地に何度も足を運んだりするようになるのですが、ナガレホトケドジョウとのつき合いが深まるにつれて、私の中にねむっていた幼《おさな》いころの記憶《きおく》が少しずつよみがえってきました。

それは、私が幼いころ、家の裏山《うらやま》の谷川で、それとよく似《に》た魚をつかまえたことがあった、という記憶です。その記憶の中の魚は、ナマズの子どものようなすがたをしており、

「こんな小さな谷川に、よく魚がすんでいるなー」

と子どもながらにおどろいたことまで、だんだんと鮮明《せんめい》に思い出してきました。その記憶は、なんとも言いようのないなつかしい気持ちとともに湧《わ》きあがり、今度、父母が住んでいるその家に帰ったときには、必《かなら》ず、その記憶の中の谷川に行ってみようと思ったのでした。

その機会《きかい》はほどなくやってきました。久《ひさ》しぶりに故郷《こきょう》に帰ったとき、私《わたし》は、うきうきとした気分で、網《あみ》を持って、裏山《うらやま》のその谷川に行ってみました。その谷川は、昔とほとんど変《か》わらないすがたで私を迎《むか》えてくれました。私は、記憶《きおく》をたよりに、谷川の、水が「たまり」（＊3）をつくっている、ある場所に行きました。

幼《おさな》いころの記憶というのはふしぎなもので、あとからあとから湧《わ》いてきて、自然《しぜん》に私をその場所へと連《つ》れていってくれました。そして、その「たまり」をのぞきこんだ私が目にしたものは、岸辺《きしべ》の大きな石の下をふらふら泳いでいるナガレホトケドジョウでした。私はおどろくと同時に、その谷川に、「帰ってきたよ」と言いたいような気分でした。ナガレホトケドジョウのほうも、なんだか、私に気をゆるしてくれているように見えて、私はなつかしく、あたたかい気持ちになったのでした。

＊1　同一種《しゅ》だけれども、環境《かんきょう》のちがいなどによって生じる小さなちがいのこと。
＊2　一定の場所に生息している、同じ種類《しゅるい》のものの集団《しゅうだん》。
＊3　流れないでたまっている場所。水たまり。

おかえりー

ゴキブリたちに魅《み》せられた学生のI《アイ》くん

私《わたし》のゼミにいたIくんは、昆虫《こんちゅう》から魚類《ぎょるい》、両生類、は虫類、哺乳類《ほにゅうるい》、そして植物にいたるまで、さまざまな生物の生態《せいたい》をとてもよく知っている学生でした。二年生で私のゼミに入ってきたころは、本人から聞くこともなかったので、私も知らなかったのですが、実は、Iくんはゴキブリが大すきだったのです。

そのことがわかったのは、Iくんが四年生になって、大学祭でその名もずばり「世界のゴキブリ展《てん》」を企画《きかく》したときでした。Iくんは、アパートの自室に世界各地《かくち》のゴキブリを飼《か》っており、大学祭でそれをある部屋に展示《てんじ》して、訪《おとず》れた人に見てもらおうとしたのです。

大学祭実行委員の学生の中には、〝ゴキブリ〟と聞いて、その開催《かいさい》に難色《なんしょく》をしめした学生もいたようです。でも、Ｉくんは、その持ち前の人柄《ひとがら》と熱意《ねつい》によって、なんとか展示実現《じつげん》にまでこぎつけたようです。

ちなみに、私がＩくんから、展示の話を打ち明けられたとき、もちろん私はＩくんを励《はげ》まし、ある講義《こうぎ》で、一年生に、その展示の意義《いぎ》深さを宣伝《せんでん》しました。その効果《こうか》もあったのか、大学祭実行委員会で、一年生の女子が、「私はゴキブリが見てみたい」と、Ｉくんの展示企画を応援《おうえん》してくれたそうです。

大学祭当日、私は、ゴキブリたちを、Ｉくんのアパートから大学まで運ぶために、Ｉくんを車に乗せて大学を出ました。Ｉくんの話だと、「生きたゴキブリを二十種類《しゅるい》以上《いじょう》展示する企画は、日本でははじめて」なのだそうです。

「へえ、そうなんだ。すごいじゃん」

そんな会話を交わしながらＩくんのアパートへ到着《とうちゃく》すると、さっそくＩくんは、部屋から、種類《しゅるい》ごとに容器《ようき》に入れられたゴキブリを、次から次へと車に乗せていきました。私《わたし》も少し運びましたが、透明《とうめい》のふたを通して見えるゴキブリは実に興味《きょうみ》深く、あざやかな黄緑色であったり、世界でも一位《い》、二位を争《あらそ》うくらいの大きさで背中《せなか》の黄土色の羽《はね》にY《ワイ》のような黒い模様《もよう》がある種類だったりと、大変《たいへん》勉強になりました。

私は、「よくもまあ、こんなにたくさんのゴキブリを飼《か》っていたなあ」と今さらながら、I《アイ》くんの底力《そこぢから》に感心したのです。

結局《けっきょく》、大学祭での「世界のゴキブリ展《てん》」には、たくさんの人が訪《おとず》れ、ラジオ局の取材《しゅざい》まで入り（実は、その取材は、最初《さいしょ》、私のところに来る予定だったのですが、「世界のゴキブリ展」のおもしろさにつられて、そちらに行ったとのことでした）、大成功《せいこう》に終わったのでした。

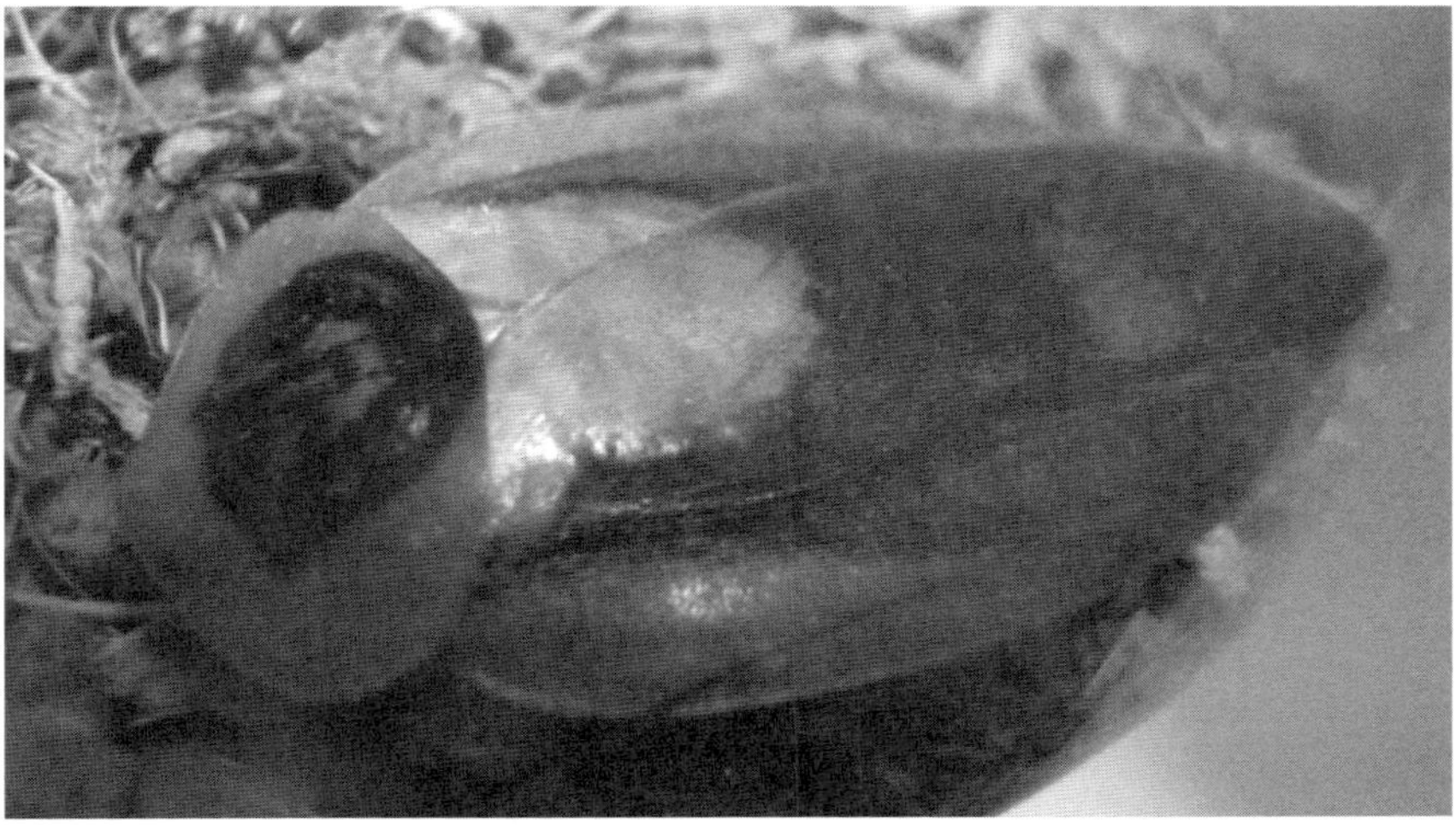

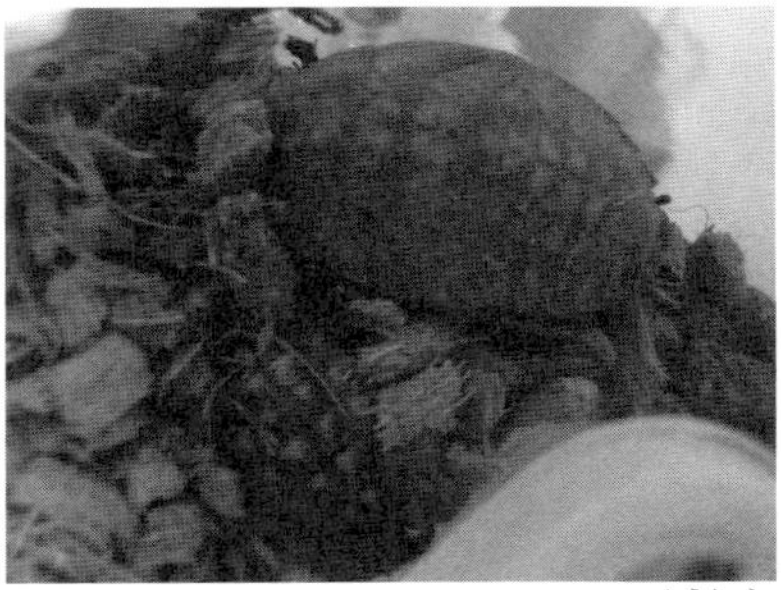

Ｉくんが飼育《しいく》していた中で一番大きかった
ゴキブリ（ブラベルスギガンテウス）

ブラベルスギガンテウスの幼虫《ようちゅう》

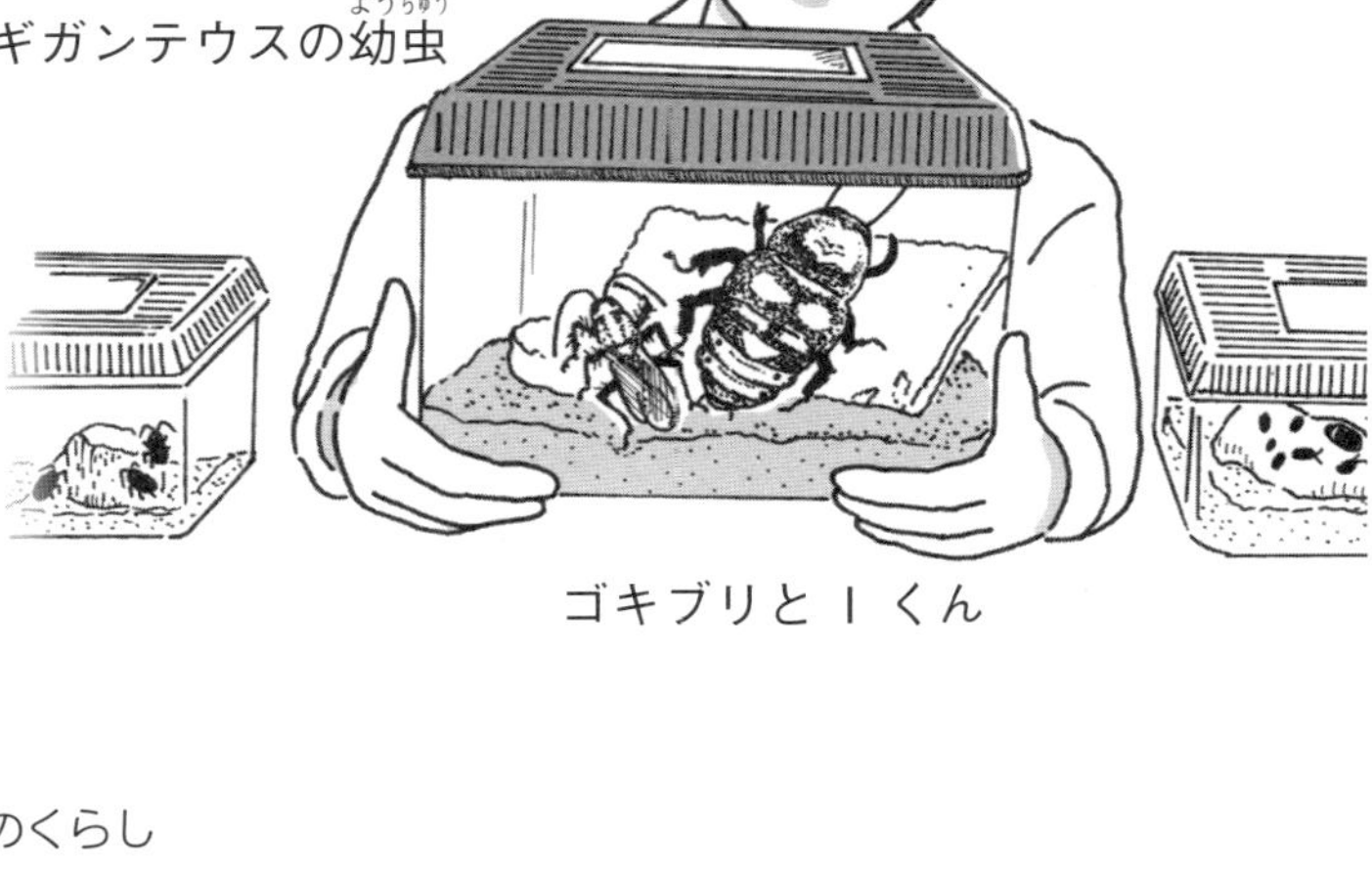

ゴキブリとＩくん

最後《さいご》に、私《わたし》がゴキブリについて感じていることを少し書かせてもらって、この話を終わろうと思います。

私は、どんな動物に対しても、「その動物が、本来、どんな自然環境《しぜんかんきょう》のもとで生きているのか」ということを頭に思いうかべて、その動物のすがたや行動を見るようにしています。ゴミが捨《す》てられてよごれた水路に、ある種類《しゅるい》のカエルがいたとします。その場面だけを見ると、なんだか、そのカエルがきたなくて不快《ふかい》な存在《そんざい》に感じられるかもしれません。でも、そんな場所にいなければならなくしたのは人間なのです。本来、そのカエルは、ゴミなどのない、そのカエルに適《てき》した自然環境の中で進化して生きてきたのです。そんな本来の環境のもとでそのカエルを見ると、環境に実によくマッチしたカエルの形態《けいたい》や行動に、美しさや快《こころよ》さを感じたのではないでしょうか。

ゴキブリもそうです。たとえば、日本固有《こゆう》の種《しゅ》であり、豊《ゆた》かな森の枯《か》れ木の樹皮《じゅひ》の下で生きているオオゴキブリというゴキブリが、私はとてもすきです。オオゴキブリの子どもたちは、しばしば、親ゴキブリのそばでくらしており、また、このオオゴキブリに近い種類で、東南アジアに生息するゴキブリでは、子どもたちは、親の羽をかじって成長《せいちょう》します。オーストラリアに生息するヨロイモグラゴキブリは、親が子どもにえさを運んできてあたえます。そんなゴキブリたちを知っているので、なおさらのこと私は、日本の家の中に出没《しゅつぼつ》し、悪魔《あくま》のようにきらわれるクロゴキブリでさえ、気持ちが悪いと感じたことは一度もありません。

動物を理解《りかい》するということの一つは、そういうことなのだと思っています。

アカハライモリの生息地の創出《そうしゅつ》

みなさんは、「レッドデータブック」とよばれるものを知っていますか？それは、それぞれの国や都道府県《とどうふけん》といった単位《たんい》で、絶滅《ぜつめつ》が心配される生物（「絶滅危惧種《きぐしゅ》」という）の種類《しゅるい》をリストアップした本（報告書《ほうこくしょ》）です。人類《じんるい》が生きていくためには、野生生物は、なくてはならない存在《そんざい》です。その野生生物が今、人間の活動によって、生息地を失《うしな》い、個体《こたい》数が減少《げんしょう》し、生物によっては絶滅の危機《きき》に瀕《ひん》しています。その状況《じょうきょう》を一般《いっぱん》の人に知らせる目的《もくてき》でつくられたのがこの本で、表紙がよく目立つ赤色にされています。だからレッドデータブックとよばれているのです。

日本のレッドデータブックには、四、五十年前までは、家の近くの田んぼや川でいくらでも見られた動物たちが、たくさんあげられています。つまり、この四、五十年の間に、私《わたし》たちのごく身近にいたたくさんの種類の動物が、激減《げきげん》していったわけです。

私が十年以上《いじょう》、調査《ちょうさ》や保護《ほご》活動を行ってきた〝アカハライモリ〟も、レッドデータブックにあげられている動物の一つです。私が子どものころは、河川敷《かせんじき》のワンド（＊1）や、田んぼに水を送る水路にも、アカハライモリはたくさんいました。動物が大すきだった私は、もちろんイモリをつかまえたり、イモリにいろいろなちょっかいを出したりしてあそんでいました。

アカハライモリ

イモリは、頭と首の境目《さかいめ》のあたりに、外側《そとがわ》に張《は》り出した突起《とっき》を持っています（オスにはメスより一回り大きい突起があります）。われわれ悪がきたちはよく、草の茎《くき》で〝輪投《わな》げロープ〟をつくり、イモリの突起にかけて〝イモリ釣《つ》り〟をしました。ちょうどカウボーイが、輪投げロープを牛の首にかけて捕獲《ほかく》するような感じです。

そんなころから四十年近くが過《す》ぎ、私《わたし》は今、研究者としてアカハライモリと向き合っています。今では、イモリは田んぼの水路にはいません。河川敷《かせんじき》でもイモリを見つけるのは一苦労《ひとくろう》です。水の流れをスムーズにし、管理《かんり》に手間がかからないようにするため、あるいは、水の氾濫《はんらん》を防《ふせ》ぐために、田んぼの水路や河川の岸をコンクリートの壁《かべ》でおおったことが、イモリの生息地を奪《うば》っていったのです。そして、近年になって、「そういった生物たちが存在《そんざい》してこそ人間も生きていける」ということがわかりはじめ、人間のくらしを便利《べんり》にするための自然《しぜん》へのはたらきかけと、野生生物のすみかを保全《ほぜん》することをどうやって両立させるのかが課題《かだい》になってきたのです。

そんな中で、私がアカハライモリの生息地として見つけた場所は、この課題に一つのヒントをくれるものでした。それは、「樋門《ひもん》」とよばれる場所です。樋門というのは、川から水田などに水を引きこむときの取り入れ口、あるいは、あまった水を、また川に返すときの排出口《はいしゅつこう》のことです。その口（樋門）は、昔は木や石でできていたと想像《そうぞう》されますが、現代《げんだい》の日本では、コンクリートや金属《きんぞく》でつくられているものがほとんどです（次ページ参照《さんしょう》）。そして、人間が自分たちのためにつくったその樋門の前の水場で、アカハライモリが生きぬいている場合が多いことがわかったのです。

また、樋門前の水場には、アカハライモリ以外《いがい》にも、レッドデータブックのリストに掲載《けいさい》されている「スナヤツメ」とか「ゲンゴロウ類《るい》」などが生息していることもわかってきました。樋門の前は、河川が窪地《くぼち》のように陸側《りくがわ》に落ちこみ、そこにこれらの動物たちが生息できる環境《かんきょう》が生まれていたのです。

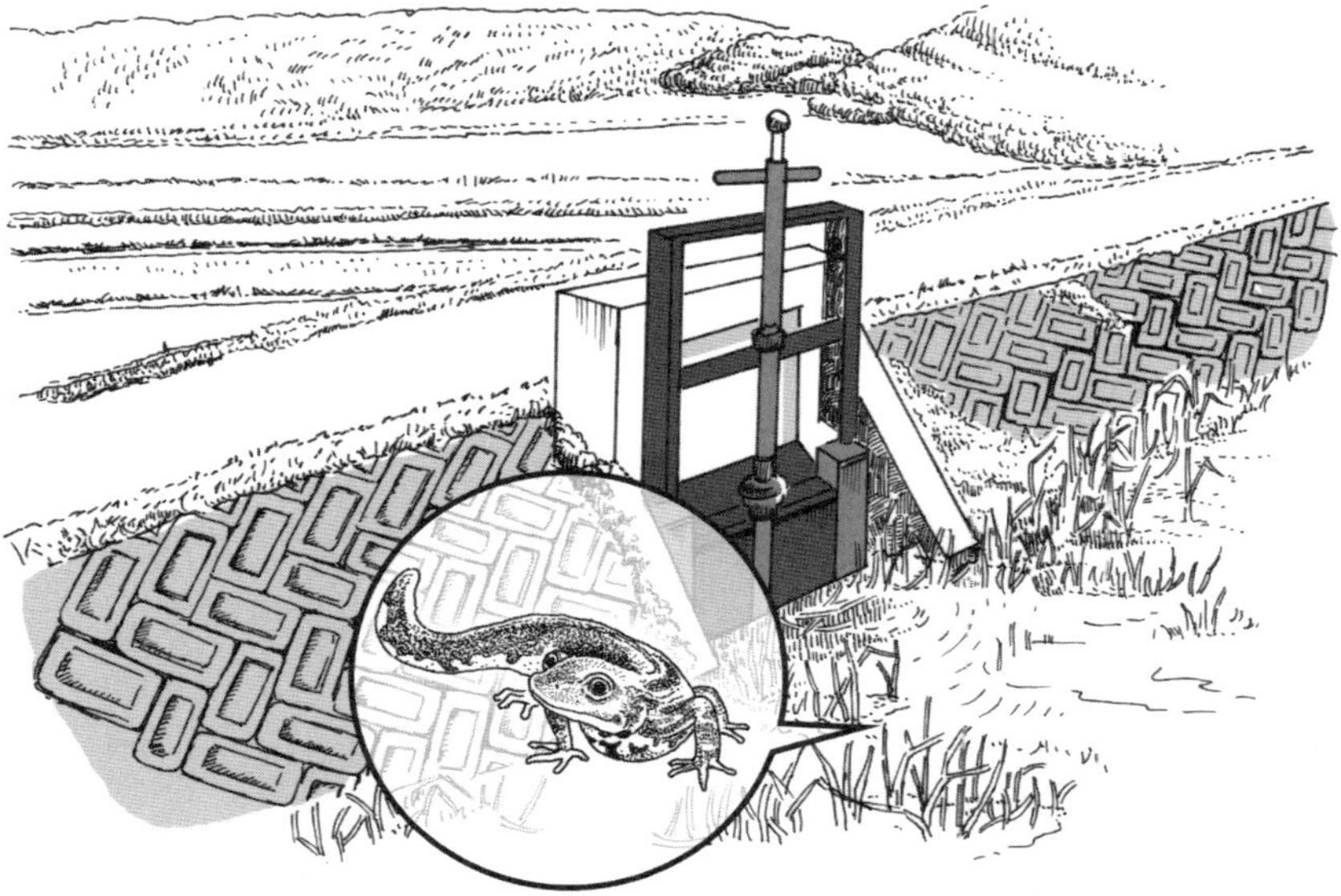

アカハライモリの生息地、樋門前《ひもんまえ》

生息地をつくる活動

その環境《かんきょう》とは、「浅《あさ》くて、流れがゆるやかで、底《そこ》に枯《か》れ葉などが堆積《たいせき》した水場」です。それは、岸辺《きしべ》のコンクリート化によって、すっかり失《うしな》われてしまっている環境でもあります。

私《わたし》は、鳥取県の東部を中心に、百か所近い樋門を調べ、アカハライモリをはじめとした絶滅危惧種《ぜつめつきぐしゅ》の動物がなぜ生息できるのか、樋門前水場のよりくわしい条件《じょうけん》をさぐりました。そして、次の取り組みとして、その条件を満《み》たした樋門前水場を、実際《じっさい》につくることにしました。

樋門はあるけれどイモリなどがすんでいない場所を、どのように変《か》えるかをしめした設計図《せっけいず》を描《えが》き、建設《けんせつ》会社に工事を依頼《いらい》するのですが、これまでに四つの樋門で、そのような〝イモリ生息地の創出《そうしゅつ》（＊2）〟を行ってきました。そして、その後、継続《けいぞく》してモニター（＊3）をつづけ、三か所の創出地で、イモリやスナヤツメが定着したり、繁殖《はんしょく》したりするようになってくるのを確認《かくにん》しました。

この事例《じれい》は、人間が自分たちのために自然《しぜん》に手を加《くわ》えるとき、動物たちの習性《しゅうせい》を知ったうえでちょっとした工夫《くふう》をすれば、野生生物と共存《きょうそん》することができる、ということをしめしているのです。

＊1　川のよどみ、水たまり。湾処《わんど》。
＊2　人の手で新しくつくり出すこと。
＊3　監視《かんし》すること。

人間と動物が共《とも》にくらす世界

ニホンモモンガたちの生息地を守る活動と地域《ちいき》の活性化《かっせいか》

私《わたし》は今、鳥取県の芦津渓谷《あしづけいこく》の森で、ニホンモモンガをはじめとした野生動物の生息地の保全《ほぜん》と、それにむすびつく〝地域活性化〟（＊1）の活動を行っています。

ニホンモモンガは、体重百〜百五十グラム程度《ていど》のリスの仲間《なかま》で、基本的《きほんてき》には夜行性《やこうせい》です。前肢《ぜんし》と後肢《こうし》の間に飛膜《ひまく》（皮ふのひだ。68ページ参照《さんしょう》）があり、それを広げて滑空《かっくう》することができます。地面に降《お》りることはまれで、木から木へと移動《いどう》する樹上《じゅじょう》生活をしています。

モモンガと同じような形態《けいたい》で樹上生活をするリスの仲間にムササビがいますが、ムササビはモモンガよりずっと大きく、体重が千グラムほどあります。北海道にはムササビは生息しておらず、エゾモモンガという種類《しゅるい》のものが人里にまで分布《ぶんぷ》（＊2）していますが、本州や九州では、ムササビが比較的低地《ひかくてきていち》に生息し、ニホンモモンガは追いやられるような状態《じょうたい》で高地のみに生息しています。

このように、「樹上生活者《じゅじょう》」で「夜行性《やこうせい》」、さらに「高地」にすむニホンモモンガは、研究することがむずかしく、これまで研究は進んでいませんでした。しかし、木に設置《せっち》した巣箱《すばこ》を、巣（本来は木に開いた穴《あな》）の代わりに使うということがわかり、それを利用《りよう》した研究が進みはじめました。私《わたし》も、巣箱を使って、鳥取県南東部の芦津渓谷《あしづけいこく》の森で五年間ほど研究してきました。

私がはじめてニホンモモンガに出合ったのは、異常《いじょう》に雪が少なかった二〇〇九年の一月でした。ヒメネズミについてのある調査《ちょうさ》が終わり、「じゃあ帰ろう」と森をあとにしかけたときでした。学生のY《ワイ》くんが言ったのです。

「先生、なにかがこっちを見ています」

そしてかれが指差《さ》した先、なんとスギの木の地上六メートルの高さのところに取りつけた巣箱から、体をのり出すようにして、それはそれはかわいいモモンガが、たしかにこちらを見ていた（!）のでした（そのときの光景《こうけい》を私は一生、わすれません）。それからニホンモモンガの研究がはじまり、かれらが生きるうえで必要《ひつよう》な環境条件《かんきょうじょうけん》もふくめた、いろいろなことがわかってきました。たとえば次のようなことです。

その地域《ちいき》は林業がさかんな土地でしたが、地域一帯《いったい》がスギの植林地になってしまっては、モモンガは生きてはいけないと思われます。基本的《きほんてき》にモモンガはスギの木が大すきです。自然《しぜん》林の中に巣をつくる個体《こたい》でも、巣の材料《ざいりょう》は例外《れいがい》なくスギの樹皮《じゅひ》です。

ニホンモモンガ

スギの葉ものんで食べます。でもスギの葉ばかり食べていては体調を壊《こわ》すようで、カシやシイなどのほかの樹木《じゅもく》の葉も食べる必要《ひつよう》があるらしいのです。したがって、スギの林の中に、自然《しぜん》林がほどよくのこっている森が、かれらが生息できる環境《かんきょう》の条件《じょうけん》の一つだと考えられます。

ちなみに、ニホンモモンガは、シベリアシマリス（北海道に生息）やアカネズミ（日本国中に生息）のように、冬に備《そな》えて、いわゆるドングリ（＊3）を巣穴《すあな》にためこむような習性《しゅうせい》は、まったく持っていません。そもそもドングリを特別《とくべつ》このんで食べることはないですし、シベリアシマリスやアカネズミのように、それぞれの樹種《じゅしゅ》のドングリの特性《とくせい》に合わせて、からを効率的《こうりつてき》にむくような行動をしめしません。私《わたし》はそれらの理由を次のように考えています。

基本的《きほんてき》に地上生活者であるシベリアシマリスは、冬は積雪《せきせつ》のせいでえさが極《きわ》めてとぼしくなるため、秋のうちに巣穴などにドングリを貯蔵《ちょぞう》しておいて、冬を乗り切ります（シマリスは冬眠《とうみん》しますが、ときどき目覚《めざ》めて貯蔵しておいた物を食べます）。いっぽうモモンガは、冬でも地上に積《つ》もった雪に影響《えいきょう》されることなく、樹上《じゅじょう》をとび交い、冬も緑の葉をつけているスギなどの常緑《じょうりょく》樹《じゅ》の葉を食べることができます。ただし、冬の寒さはきびしいので、その対《たい》策《さく》として、保温力《ほおんりょく》の優《すぐ》れたスギの樹皮《じゅひ》（スギの樹皮の保温力については、実《じっ》験《けん》で確認《かくにん》しました）をたっぷり樹上の巣穴にためこみ、体温の低下《ていか》を抑制《よくせい》するのです。どうですか、ニホンモモンガの独自《どくじ》の生活スタイル、おもしろいでしょう。

ところで私は、そういった森が維持《いじ》される方法《ほうほう》の一つとして、ニホンモモンガをシンボルにしたグッズを、森の管理《かんり》作業で出てくる間伐材《かんばつざい》（＊4）などでつくり、販売《はんばい》したらどうか、と考えました。そして実際《じっさい》に行動に移《うつ》し、学生諸君《しょくん》にも加《くわ》わってもらい、地域《ちいき》の人たちと相談《そうだん》してグッズを考え、地元の大工さんたちにつくってもらいました。それらは、インターネットやイベントで販売しています。

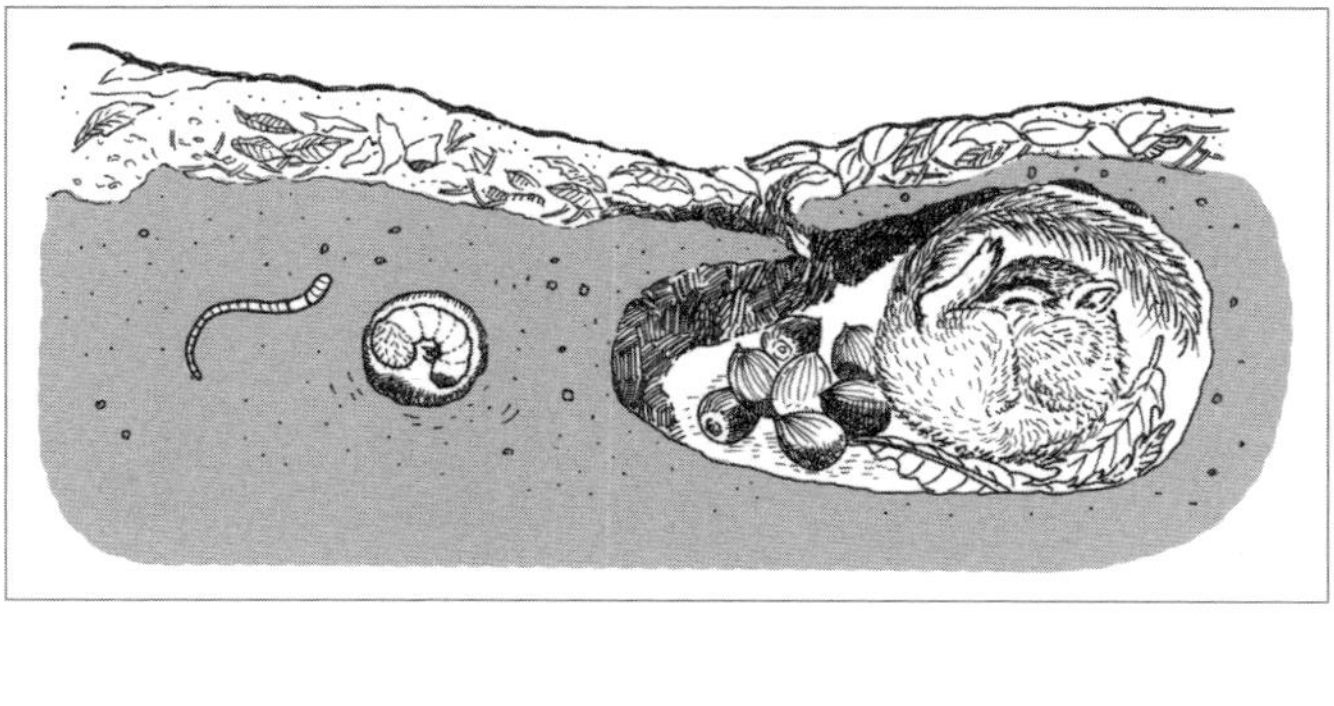

冬も活動する
モモンガ(上)と、
冬眠《とうみん》する
シマリス

売上金はグッズをつくった人や地域《ちいき》のモモンガ基金《ききん》（＊5）に渡《わた》ります。つまり、「モモンガがすむ森があるからこそ、経済的《けいざいてき》に利益《りえき》がある」という状《じょう》態《たい》をつくろうとしたわけです。

ネットで〝木彫《きぼ》りモモンガ〟を購入《こうにゅう》していただいた人から次のような返事がメールで送られてきたこともありました。

「……木の肌《はだ》ざわりが素敵《すてき》です。公園に散歩《さんぽ》につれていっています。これをつくられたT《ティー》さんによろしくお伝《つた》え下さい。」（原文のまま）

こんなメッセージをいただくことは、経済的な利益だけではなく、精神的《せいしんてき》な利益にもなるのではないでしょうか。

＊1　その地域《ちいき》の経済力《けいざいりょく》を高めたり、人口が減《へ》るのを防《ふせ》いだりするために行う活動のこと。「地域おこし」などともいう。

＊2　広く、あちこちに散《ち》らばること。

＊3　ナラ科樹木《じゅもく》のかたい種子《しゅし》の総称《そうしょう》。

＊4　木と木の間をほどよく空けるために伐採《ばっさい》された木。

＊5　モモンガのすむ森を管理《かんり》したり守ったりするためにたくわえられる資金《しきん》。

第3章

身近な動物たちの魅《み》力《りょく》

モグラとヒミズ

～素手《すで》で捕獲《ほかく》、成功《せいこう》の理由は～

次は、モグラと、モグラの仲間《なかま》のヒミズの話をしましょう。

みなさんは、「モグラ」のことは知っているでしょう。でも、「ヒミズ」という動物を知っている人は、少ないかもしれません。

日本のモグラは、コウベモグラ、アズマモグラ、サドモグラ、ミズモグラの四種類《しゅるい》が主に知られています。私の出身地である岡山県《おかやまけん》でふつうに見られるのは、コウベモグラです。ヒミズは、二種類が知られています。ヒミズとヒメヒミズです。

モグラとヒミズは、どちらも哺《ほ》乳綱《にゅうこう》食虫目モグラ科というグループに属《ぞく》し、よく似《に》た形態《けいたい》や感覚器《かんかくき》を備《そな》えています。両者ともに、黒色のビロードのような毛につつまれていて、体は、ラグビーボールのようなずんぐりとした形をしています。目は皮ふにおおわれており、明るさは感じますが、物の形などを目で識別《しきべつ》することはできません。でも、視覚《しかく》が弱いぶん、嗅覚《きゅうかく》や接触《せっしょく》感覚が発達《はったつ》していて、頭部から突《つ》き出た細長い鼻で、においやふれたものの形などを敏感《びんかん》に感じ取ることができると考えられています。

いっぽう、両者で異《こと》なっているところもあります。二点あげましょう。

1　ヒミズは、モグラにくらべて体がずっと小さいです。種類にもよりますが、ヒミズはモグラの十分の一程《てい》度《ど》の大きさです。

シャベルのような手をしたモグラ

2　モグラは、ブルドーザーのシャベルのような形をした手で、地面に穴《あな》を掘《ほ》りますが、ヒミズは土を掘りません。ヒミズは、枯《か》れ葉の下にもぐりこんで、穴のようなものをつくりますが、モグラのように、土中にしっかりとした穴を掘ることはできません。

私《わたし》は、モグラもヒミズも、素手《すで》でつかまえたことがあります。そのときのことをお話ししましょう。まずヒミズのほうからです。

私は大学の学生でした。当時、シマリスの行動の研究をしていて、岡山県《おかやま》の中国山地のふもとに、動物の観察《かんさつ》や実験《じっけん》のための大きな野外ケージをつくりました。まず、スギの丸太で骨格《こっかく》をつくり、次にそれをかこむようにして、金網《かなあみ》をかぶせていきました。言葉にするとかんたんなようですが、実際《じっさい》の作業は大変《たいへん》でした。市販《しはん》の、幅《はば》一メートルほどの金網を、たがいのはしを少し重ねて、そこを針金《はりがね》でぬうようにしながら、丸太の骨格をおおっていくのです。時間がかかりましたし、手はまめだらけになりました。

ある日、ケージの底面《ていめん》の金網をぬっているときのことでした。視野《しや》の片隅《かたすみ》で、黒い小さなかたまりが動くのを感じてそちらに目をやると、そこに小さなモグラのような動物がいるではありませんか。さかんに頭の先の細長い鼻を動かしながら移動《いどう》していました。体の毛の様子から、それが哺乳類《ほにゅうるい》であることはすぐにわかりました。私は、すぐ捕獲《ほかく》の体勢《たいせい》に入りました。

動物の動き方から考えて、私なら捕獲できると思ったのです。しかし、次の瞬間《しゅんかん》、おどろくべきことが起こりました。

なんとその哺乳類が、こともあろうに、金網の一つの網目（大きさは、約《やく》一・五センチメートルくらいしかありませんでした）を通過《つうか》して、金網の下の草の中に消えていったのです。毛でおおわれた体の本体は、実はとても細かったのです。私には、そんな哺乳類がいることが信《しん》じられませんでした。

そろり……

あっけにとられていたら、今度は、金網《かなあみ》の下からべつの網の目を通過《つうか》して、また上に出てきました。今度は失敗《しっぱい》はゆるされません。そっと気配を消して近づき、両手をチューリップのような形にして、その動物を捕獲《ほかく》しました。それがヒミズとのはじめての出合いでした。

モグラの捕獲で一番印象《いんしょう》にのこっているのは、大学に勤《つと》めるようになり、学生二人といっしょに、調査《ちょうさ》で山に行ったときのことです。三人で山道を歩いていたとき、私《わたし》は前方の道のはしの土が、わずかにもり上がるのを見のがしませんでした。そこに、なにか動物の、それもかなり大きなエネルギーを持った動物の存在《そんざい》を感じたのでした。

当然《とうぜん》のことながら、私はその場に急いで、しかし、しずかに近寄《ちかよ》りました。そして迷《まよ》うことなく、その、動く〝もり上がり〟の前と後ろに両手を差《さ》しこみ、もり上がりをすくい取るように、土ごと持ち上げたのです。すると、私の予想《よそう》通り、モグラが、私《わたし》の手の中の土のもり上がりから顔を出したのです。私は、モグラをつかまえられたことに言いようのない充実感《じゅうじつかん》をおぼえました。学生たちは、なにが起こったのかさっぱりわからなかったようです。私が手の中でもがくモグラを見せると、とてもおどろいていました。

学生たちは、調査《ちょうさ》の間中、何事かあるたびに何度も私に聞きました。

「どうしてモグラがいるのがわかったのですか」と。

さて、そんな体験《たいけん》を何度もくり返しながら、私は思うのです。なんでも、自分のすきなことをつづけていくと、その分野の感覚《かんかく》はどんどん研《と》ぎ澄《す》まされていく。そして、その研ぎ澄まされた感覚は、その分野を越《こ》えて、いろいろなアイデアのひらめきをもたらしてくれるのだ、と。

みなさんのすきなことは、なんですか。

ドバトの認識《にんしき》能力《のうりょく》

私は、ホバと名づけたドバトを飼《か》っていました。

そのドバトは、私が鳥取環境《かんきょう》大学に赴任《ふにん》（*）した年に、大学の窓《まど》に当たってとべなくなった鳥でした。

ある日、大学のメディアセンターの方から電話で、

「ガラス窓にぶつかって動けなくなったハトがいるので、見てもらえませんか」

という連絡《れんらく》がありました。行ってみると、まだ産毛《うぶげ》ののこったハトの幼鳥《ようちょう》が箱の中でじっとうずくまっていました。体の状態《じょうたい》を調べるために箱から出してみると、体がかたむいていて歩くことができませんでした。

右側《みぎがわ》のつばさがだらりとたれ下がり、おそらくガラス窓にぶつかったとき

に骨折《こっせつ》したのではないかと推察《すいさつ》されました（その後、ホバのつばさの骨折は複雑《ふくざつ》で、とべるようにはならないことがわかりました）。

私《わたし》は、そのとべないハトを家で飼《か》うことにしました。妻《つま》や息子も「ホバ、ホバ」とよんでかわいがりました。ただホバは、なぜか私にだけよくなれて、妻や息子にはそれほど友好的《ゆうこうてき》ではありませんでした。

ドバトのホバ

たとえば、庭で散歩《さんぽ》させているとき、三人とも近くにいるのに私にだけけついてきました。また、私が手を、ホバのくちばしに近づけると、ホバは、くちばしを私の指にからませてふるわせる行動（これはドバト同士《どうし》が、たがいのくちばしをふれ合わせて交わすあいさつ行動だと思われます）をするのですが、妻が指を近づけると、その指を攻撃《こうげき》するように強くつつきました。妻は、そのたびに、

「毎日世話をしてあげているのに、どうして私にそんなことをするの」

となげいていました。

あるとき、妻と私は、われわれ二人にちがう反応《はんのう》をしめすホバに、一つの実験《じっけん》を行ってみることにしました。それは、妻と私が並《なら》んでホバの前にすわり、二人の手を重ね（指がたがいちがいになるようにして）ホバに近づける、というものでした。この実験の目的《もくてき》は、「ホバは、私の指と妻の指を区別《くべつ》することができるかどうかを調べる」ということでした。

さて、結果《けっか》はどうなったと思いますか。

ツンツン
妻《つま》の手
スリスリ
私《わたし》の手

なんと、ホバは、差《さ》し出された指が十本ある一つの手（私と妻の手を重ね合わせていますから）の、私の指にはあいさつ行動をし、妻の指には攻撃的《こうげきてき》なつつき行動をしたのでした。この結果《けっか》は、

「ホバは、私の指と妻の指とを区別《くべつ》することができ、そのうえで反応《はんのう》を変《か》えている」

ということをしめしています。

でもそんなことが本当にあるのでしょうか。たしかに、妻の指と私の指は、太さや色、皮ふの状態《じょうたい》がちがっています。しかし、そんなちがいをホバは区別し、かつ、それぞれの特徴《とくちょう》が、私の指の特徴か妻の指の特徴かを記憶《きおく》していて、反応を変えているのだとは、すぐには信《しん》じられませんでした。

もちろん、最初《さいしょ》は少し疑《うたが》ったものの、私はホバの能力《のうりょく》を信じました。その理由の一つは、次のようなドバトについての研究結果を知っていたからです。

ドバトに、ピカソ（スペイン、一八八一～一九七三年）の絵とモネ（フランス、一八四〇～一九二六年）の絵をでたらめな順番《じゅんばん》で見せ、ピカソの絵が出たときにだけ、スクリーンをつつけばえさをもらえるように訓練《くんれん》します。するとドバトは、はじめて見る絵であっても、ピカソの絵が出たときにはスクリーンをつつき、モネの絵が出たときはつつかなくなる、というものです。

つまり、ドバトは、ピカソの絵の特徴《とくちょう》（筆《ふで》のタッチなど）とモネの絵の特徴を区別《くべつ》することができ、それをおぼえることができるのです。

だったら、ホバも、私《わたし》の指の特徴と妻《つま》の指の特徴を区別し、おぼえることができると考えてもふしぎはないでしょう。

ドバトについてだけでも、われわれが知らないことは、まだまだ山のようにのこっていることがわかります（というか、わかっていることのほうが、ほんの一部にすぎないのです）。

＊　仕事をするために、命じられた場所へ行くこと。

つわりはなぜあるのか　～ヒトの進化的《しんかてき》な適応《てきおう》～

次は、ヒトという動物の話をしましょう。

動物行動学で、動物の形態《けいたい》や行動、心理を理解《りかい》するために研究を進めていくとき、もっともたよりにする原理は、「それら（形態や行動、心理など）は、その動物が生活する環境《かんきょう》に適《てき》している」というものです。

たとえば、イルカの「流線形の体」「頭の上（ヒトの場合なら頭のつむじのあたり）に開いた鼻の穴《あな》」「水中に波の振動《しんどう》（水中音波）を発し、はね返ってくる水中音波を感じて周囲《しゅうい》の物体を認知《にんち》する行動」「群《む》れのメンバーを積極的《せっきょくてき》に助けようとする心理」など、これらはすべて、イルカが生きる〈水中〉という環境や、たがいに知り合った個体《こたい》が集まった〈群《む》れでの生活〉といった環境《かんきょう》に適応《てきおう》してきた結果《けっか》なのです。長い進化の過程《かてい》で、そういう形態《けいたい》や行動、心理を、遺伝的《いでんてき》に備《そな》えた個体《こたい》が生きのこってきたのです。これを「進化的適応」とよびます。

このような、「生物は、それぞれが生きる生活環境に適応している」という原理は、もちろんヒトという動物にもあてはまります。

では、ヒトという動物にとっての本来の生活環境とは、どのようなものなのでしょうか。結論《けつろん》から言うと、それは、「現在《げんざい》のアフリカのサバナのような、草原の中に林や湖が点在《てんざい》する場所に、百人以下《いか》の群《む》れですみ、狩猟採集《しゅりょうさいしゅう》（＊1）をして生活する」といった生活環境だったと考えられています。ヒト（ここでは、われわれホモ・サピエンスのことを指します）は、二十万年ほど前に地球に現《あらわ》れ、その二十万年のうちの九割《わり》以上《いじょう》は、狩猟採集の生活をしてきたと考えられます。

とすれば、そういった生活環境に、われわれの形態や行動、心理は適応しているはずです。そして、実際《じっさい》に、そういった視点《してん》からヒトを研究することによって、それまで見過《みす》ごされていた、ヒトについての理解《りかい》が大きく進んでいることもたしかです。

では、その一例《いちれい》として、見出しにも上げた「つわり」についてお話しします。つわりとは、妊娠《にんしん》した女性《じょせい》が、強いにおいの食べ物などに対して、吐《は》き気などの嫌悪感《けんおかん》を感じる現象《げんしょう》のことで、風土や文化が異《こと》なる世界中のすべての国の妊婦《にんぷ》で見られます。妊娠四週目くらいからはじまり、十週目くらいにピークになることが知られています。

つわりについて現代《げんだい》医学は、「妊娠によるホルモンバランスの変化《へんか》にともなって起こる、やむをえない現象」と考えています。いっぽう、動物行動学者はべつの見方をします。つまり、「世界中のホモ・サピエンス（の女性）

に共通《きょうつう》して現《あらわ》れる顕著《けんちょ》（＊2）な症状《しょうじょう》には、なんらかの、環境《かんきょう》に適応《てきおう》するためのはたらきがあるのではないか」、と。

さて、マージ・プロフェット（一九五八年〜）という名のアメリカの生物学者がこのテーマに挑《いど》みました。そして、プロフェットは、次のような事実を明らかにし、つわりについての理解《りかい》を大きく前進させました（プロフェットはこの研究によってアメリカの大きな賞《しょう》を受賞しました）。

1　つわりがはげしいほど流産《りゅうざん》の確率《かくりつ》は低《ひく》い。

2　つわりがピークになる妊娠《にんしん》十週目のころは、母親の体内で成長《せいちょう》している胎児《たいじ》の器官《きかん》（＊3）がつくられはじめる時期であり、母親が食べた有害《ゆうがい》物質《ぶっしつ》が、胎児に致命的《ちめいてき》（＊4）な障害《しょうがい》をあたえる可能性《かのうせい》が一番高い時期と一致《いっち》する。

3　ヒトの本来の生活環境のもとでは、ヒトは野生の植物を採集《さいしゅう》して食べるが、たいていの野生植物は、自分の身を守るために、葉や茎《くき》に有害物質をたくわえている。そしてそれらは強いにおいを発する場合が多い。

さて、これらのことから、「つわり」が妊娠した女性にとってどんな利益《りえき》をもたらすか、動物行動学的に考えてみてください。どうですか？·(答えは134ページ)

このような進化的《しんかてき》適応という見方は、「つわり」の理解にかぎらず、人間もふくめたさまざまな生物がしめす現象《げんしょう》を、より深く理解することに大きく貢献《こうけん》するのです。

＊1　魚を捕《と》ったり、木の実を集めたりして食料《しょくりょう》にすること。
＊2　はっきり目立つこと。
＊3　特定《とくてい》のはたらきを持つ体の部分。足や手など。
＊4　命に関《かか》わるようなこと。

つわりがもっとも
はげしい時期
おなかの中で赤ちゃんの体の器官《きかん》がつくられはじめる時期
この時期に
害《がい》のある食べ物を
食べるのは
キケン!!
関係《かんけい》は？
毒《どく》のある植物は、強いにおいを発するものが多い。

カラスをめぐる思い出

次はカラスの話をしましょう。

カラスは体が黒かったり、動物の死体を食べたりすることもあって、不吉《ふきつ》で残酷《ざんこく》な鳥のような印象《いんしょう》を持たれていますが、私《わたし》はかれらが大すきです。どっしりとしていて、それでいて軽やかで、いかにも考えながら行動しているような……そんなふんいきをこの鳥に感じるからです。

「動物行動学の樹立《じゅりつ》」という功績《こうせき》で、一九七三年にノーベル賞《しょう》を受賞したオーストリアの動物行動学者コンラート・ローレンツ（一九〇三〜一九八九年）が、わかいころ、研究に没頭《ぼっとう》した動物の一つがコクマルガラスであったことも、偶然《ぐうぜん》ではないと思っています。ローレンツは、研究をはじめるにあたって、カラスが、それまでの科学が動物についてしめしていた認識《にんしき》を変《か》えて、新しいものにする能力《のうりょく》を持っていると、見ぬいていたのではないかと思うのです。

ローレンツのコクマルガラスについての研究から五十年以上《いじょう》もの間、カラスは、たえず、さまざまな発見を生物学の中にもたらしてきました。最近《さいきん》の研究では、たとえばワタリガラスについての次のような研究結果《けっか》に注目が集まりました（ちなみにワタリガラスは、食べ物を自分が行動する地域《ちいき》の中にかくして貯蔵《ちょぞう》する習性《しゅうせい》があります。また、実験《じっけん》は、複数《ふくすう》のワタリガラスを飼《し》育《いく》している野外の大きなケージの中で行われました）。その研究結果とは、「ワタリガラスは、自分が食べ物をある場所にかくしているとき、周囲《しゅうい》で自分の行動を見ているカラスと見ていないカラスとをしっかり観察《かんさつ》して記憶《きおく》しており、その後、見ていたカラスが、自分が食べ物をかくした場所の近くを通ったときは、その個体《こたい》を攻撃《こうげき》して遠くへ追いはらい、見ていなかったカラスが近くを通ったときは、そのままほうっておく」というものです。

A《エー》
B《ビー》
じーっ
はっ
A
B
すとんっ

これは厳密《げんみつ》な実験《じっけん》を何度もくり返して明らかにされた事実です。

おそらくこのような能力《のうりょく》は、ワタリガラスだけのものではなく、日本でわれわれがよく目にするハシブトガラスやハシボソガラスにも備《そな》わっていると推察《すいさつ》されます。かれらも、（われわれが漠然《ばくぜん》と見ているだけでは気づかないでしょうが）深い認知能力《にんちのうりょく》を駆使《くし》して、日々《ひび》、懸命《けんめい》に生きているのでしょう。

ところで、私《わたし》はこれまで、三回ほど、傷《きず》ついて動けなくなったカラスを保護《ほご》

カラス

したことがあります。すべてハシボソガラスでした。このうち二回は、やがて元気になってとんでいきました（一回はそのまま死んでしまいました）。

一羽目のカラスは、私が岡山市《おかやま》の高校で教員をしていたとき、駐輪場《ちゅうりんじょう》にとめてあった自転車の車輪《しゃりん》のスポークにつばさがからまって動けなくなっていたカラスでした。まだ巣立《すだ》ちして間もないような子ガラスで、生徒《せいと》が見つけて私をよびにきました。

注意深くスポークからつばさをはずし、家に連《つ》れて帰り、当時まだ巣立ちしていなかった（！）幼《おさな》い息子（三歳《さい》か四歳くらい）と、昆虫《こんちゅう》やミミズを取ってきてあたえていました。しっかりとたべるようになるまで、足にひもをつけて散歩《さんぽ》もしました。私と息子のことをすぐにおぼえ、ほかの人に対する行動とは明らかにちがった反応《はんのう》をしめしたり、散歩のルートをおぼえたりと、学習する能力にたけていることを実感しました。

二羽目のカラスは、道路の中央にうずくまっていていたカラスです。外傷《がいしょう》はなく、体内に問題があったのだと思いました。水は飲みましたがなにも食べようとはせず、すわったままでした。保護《ほご》して二日後の朝、横たわって死んでいました。動物の死は、何度経験《けいけん》しても、「自分がとった行動はあれでよかったのか」という悔《く》いや、さびしさを感じさせます。

三度目に保護したカラスは、鳥取環境《かんきょう》大学に勤務《きんむ》するようになってから、通勤途中《つうきんとちゅう》の道路脇《わき》のしげみの中で保護したものでした。つばさにけがをして身動きできなくなっており、やはり巣立《すだ》ちから間もない子ガラスでした。頭上の電線には親ガラスが二羽とまっていて、両手で子ガラスをかかえて車へと運ぶ私《わたし》に攻撃《こうげき》をしてきました。車に乗りこんだあとも、走る車を追いかけてきました。かれらの目には、私（あるいは私の車）は、「自分たちの子どもを連《つ》れ去った大きな動物」と映《うつ》ったのでしょう。カラスは大学の実験室《じっけんしつ》で、かごに入れて飼《か》いました。ときどきかごから外に出して、広い実験室の中を自由にとばせました。

保護《ほご》してから二週間ほどしてしっかりとべるようになり（実験室《じっけんしつ》はかなり荒《あ》らされましたが）、保護した場所まで連《つ》れてゆき放してやりました。カラスの認知能力《にんちのうりょく》をもってすれば、きっと、親たちに再会《さいかい》できたはずです。

最後《さいご》に、今回お話ししたことはカラスだけにかぎることではなく、動物全体について言えることだと思います。つまり、これまで人間が考えてきたよりも、野生動物たちは、深い認知能力を持っており、その能力をはたらかせながら自然《しぜん》の中で懸命《けんめい》に生きている、ということです。ただしいっぽうで、次のこともつけ加《くわ》えておかなければならないかもしれません。かれらの能力は、人間の思考力や認知能力とはまた異《こと》なった、それぞれの動物の生息環境《せいいくかんきょう》に適応《てきおう》した、独自《どくじ》の能力だということです。安易《あんい》に人間と同様に考えることは、かれらを理解《りかい》することにはつながらない、といってもいいかもしれません。

ヒトと共通点《きょうつうてん》もあるタヌキの習性《しゅうせい》　～その一つは子育ての仕方～

タヌキと聞くと、なんとなく間のぬけた動物のような印象《いんしょう》を持たれる人もいるかもしれません。でも、決してタヌキは間のぬけた動物ではありません。日本を代表する食肉目イヌ科に属《ぞく》する野生動物の一種《しゅ》です。タヌキは人家近くに出没《しゅつぼつ》することも多いですが、それはタヌキの学習能力の高さを物語っていると思います。

タヌキは哺《ほ》乳類《にゅうるい》の中でもいくつかの独特《どくとく》な習性を持っており、その中の三つは、これまた哺乳類の中では独特な習性を持つヒト（ホモ・サピエンス、人間）と共通《きょうつう》する習性です。

一つ目は、基本的《きほんてき》に、生涯《しょうがい》同じつがい相手と一夫一婦《いっぷいっぷ》（＊1）で過《す》ごすという習性です。わかいころ何年間もタヌキの行動を調べていた私《わたし》のつがい相手

（妻）によれば、つがい相手を事故や病気で失ったタヌキは本当に元気がなくなり、えさも食べなくなるそうです。

二つ目は、「父親による子どもの世話」です。メスが巣穴《すあな》の中で出産《しゅっさん》するとき、オスは心配そうにメスにつきそい、子どもが生まれると、オスはすぐに子どもをなめて羊膜《ようまく》（＊2）ののこりをとってやるそうです。その後もこまめに子どもの世話をし、たとえばメスが食事のために巣穴を出ると、子どもを四肢《しし》や胴体《どうたい》でかかえるようにして、子どもの体温が下がらないようにしてやります。

このように、オスが直接的《ちょくせつてき》に子どもの世話をするのは、哺乳類《ほにゅうるい》だけを考えてもめずらしいことで、多くの哺乳類では、オスは交尾《こうび》がすむとどこかへ行ってしまいます。一夫一婦《いっぷいっぷ》の習性《しゅうせい》を持つオオカミでも、メスはひとりで出産し、その後の子育てもほとんどメスが行います。オスはえさをとってきて巣穴の入り口に置《お》いたり、子どもが成長《せいちょう》して巣穴から出るようになるとあそんでやったりする程度《ていど》の関《かか》わり方です。

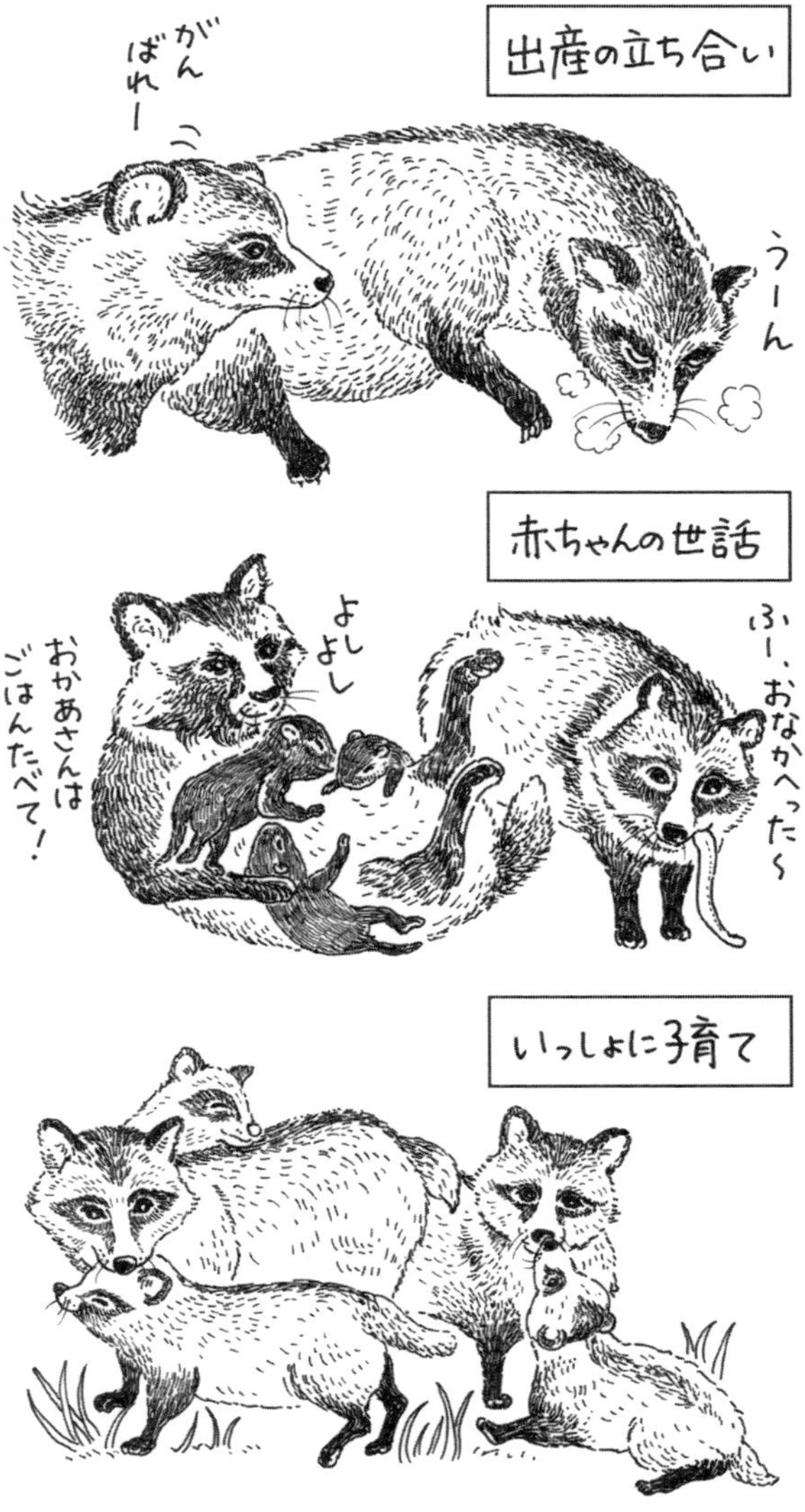

ちなみに、タヌキの、出産《しゅっさん》からその後の子育ての様子を世界ではじめて映《えい》像《ぞう》に撮《と》ったのは私《わたし》のつがい相手（妻《つま》）ですが、その映像は、国内外の学会で注目を浴《あ》びました。それは、「どういう生態《せいたい》を持つ動物種《しゅ》で、オスによる子どもの保護《ほご》が進化するか」という問題が、動物行動学における重要《じゅうよう》なテーマの一つだったからです。

ヒトと共通《きょうつう》した三つ目の習性《しゅうせい》は、〝共同《きょうどう》トイレ〟とでも言えばよいでしょうか。タヌキでは、その地域《ちいき》にすむ複数《ふくすう》の個体《こたい》が、数か所の、決まった場所にフンや尿《にょう》をすることが知られています。タヌキの〝共同トイレ〟は、「ためフン」場ともよばれ、フンが積《つ》み上がったような状態《じょうたい》になっています。なぜタヌキが「ためフン」の習性を持つのかは、まだ十分わかっていません。ただし、ためフンのにおいをかぐことによって、「その地域に新しい個体が入ってきた」とか「子別《こわか》れした自分の子どもが近くでくらしている」「今、近くで（タヌキの好物《こうぶつ》の）アケビの実がたくさん実っている」といった情報《じょうほう》を、たがいにやりとりしているようです。

　さて私は、以前《いぜん》、野生のタヌキに発《はっ》信機《しんき》をつけ、GPS《ジーピーエス》（＊3）によって、かれらが、いつごろ、どれくらいの範《はん》囲《い》で、どんなルートをたどって移動《いどう》するのかを調べたことがあります。

　そのうちの一個体は、大学の前の道路で、車にはねられたタヌキでした。ゼミ生のY《ワイ》くんからの連絡《れんらく》でそこへ駆《か》けつけました。左右を車が通り過《す》ぎていく道路の中央に、そのタヌキは横たわっていました。私は用意してきてい

保護《ほご》したタヌキ

た毛布《もうふ》をタヌキの上からスッポリかけてだきかかえ、車に乗せて、病院に運びました。脚《あし》からは血が出ていました。結局《けっきょく》、骨《ほね》に異常《いじょう》はなく、「しばらく世話をして元気になったら元通りの生活ができるでしょう」ということでした。

私《わたし》とY《ワイ》くんは、タヌキを連《つ》れて大学へ帰る途中《とちゅう》、ホームセンターでイヌ用の首輪《くびわ》とリードを買いました。それをタヌキにつけて、大学の、ゴミを一時的《てき》に保管《ほかん》しておく建物《たてもの》（建《た》てるときの予想《よそう》に反してゴミはそれほどたくさんたまらず、建物は実際《じっさい》にはまったく使われていませんでした）の中で飼《か》いました。タヌキはあげパンが大すきであることをそのときはじめて知りました。

十日ほど世話をして元気になったので、タヌキ（そのころはタヌキの名前は、私の名前にちなんでコバになっており、いろいろな学生が見に来て、「コバ、コバ」とよびかけていました）を、事故《じこ》にあった場所に放してやりました。そしてそのとき、コバに小さな発信機《はっしんき》を取りつけたのです。

発信機をつけたタヌキたちがGPS《ジーピーエス》を通して教えてくれたことの一つは、

「かれらは山から下りて道路を横切り、頻繁《ひんぱん》に、向こう側《がわ》の小川あたりまで行く」ということ、そして「道路を横切る場所はだいたい決まっている」ということでした。

やがて、私と学生たちは、その結果《けっか》をもって国土交通省《しょう》に行き、タヌキが横切ることが多い場所の道路脇《わき》に「タヌキに注意！」の標識《ひょうしき》をつけることになったのです。

写真を見てください！

＊1　一人の男性《だんせい》（動物の場合はオス）と一人の女性（メス）が夫婦《ふうふ》（動物では「つがい」という）になること。

＊2　おなかの中で、赤ちゃんをつつんでいる膜《まく》。生まれたあとは不要《ふよう》になる。

＊3　人工衛星《えいせい》を利用《りよう》して位置《いち》を特定《とくてい》するシステム。

サルの研究にあこがれて

〜学生時代、ひたむきに調査《ちょうさ》〜

大学のとき私《わたし》は、〝サルの研究がしたい〟と強く思ったことがありました。そして、「(できることは）すぐやってみたい！」と思う性格《せいかく》だったので（その性格は今でもつづいていますが）、二種類《しゅるい》のサルの行動や生態《せいたい》を自己流《じこりゅう》で調べはじめました。印象《いんしょう》にのこっている思い出の一部をお話ししたいと思います。

一種類目は、岡山《おかやま》県の臥牛山《がぎゅうざん》でえづけされていたニホンザルでした。百匹《ぴき》近い個体《こたい》からなる群《む》れだったと思います。かれらは朝、山の中腹《ちゅうふく》のえさ場にやってきてイモなどのえさを食べ、夕方になると山の上に帰っていきました。

ある日、夕闇《ゆうやみ》の気配が漂《ただよ》いはじめ、いつものように山へと帰っていくサルの群れを見ていた私は、なにか自分だけが置《お》いていかれるような気分になり、私も群れといっしょについていきたいという衝動《しょうどう》に駆《か》られました。そして、本当に、群れから十メートルくらいあとをついていったのです。私の行動に気づいたサルもいたでしょうが、警戒《けいかい》する様子はありませんでした。きっと、私のことを見なれていたからでしょう。

やがて群れはスギの林の中に入り、あたりはいっそう暗くなりました。すると、群れの前方のサルが独特《どくとく》の声を発しはじめたのです。ホーッ、ホーッという声です。すると後方のサルがそれに呼応《こおう》するようにホーッ、ホーッと鳴き返すではありませんか。私にはその声が、

「おーい、後ろのほう、だいじょうぶか」

「ありがとう、だいじょうぶよー」

といったメッセージのように聞こえました。

暗い中でみんながはぐれないようにするための行動ではないかと思えたのです。薄暗《うすぐら》い林の中で、ホーッ、ホーッ、ホーッ、ホーッ、という声が響《ひび》きます。なにかあたたかい声の響きです。そして、それを聞いていた私《わたし》は、自分も声のやりとりの中に参加《さんか》したいと思うようになり、ためしに、サルたちの声をまねて（これが本当の「サルまね」でしょうか）、ホーッと鳴いてみたのです。するとどうでしょう。前方のサルが、明らかに私の声にこたえるように、ホーッと鳴き返してくれたのです。おどろくと同時にうれしくなった私は、それから何度か鳴いてみました。前方のサルたちはそのたびに鳴き返してくれました。心が通ったようなふしぎな気持ちになりました。わすれられない思い出です。学術的《がくじゅってき》にも意味のある体験《たいけん》だったと思っています。

ホーッホーッ
ホーッホーッホーッ
ホーッホーッホーッ

さて、二種類目《しゅるい》のサルは、伊豆《いず》大島（東京都）の野生のタイワンザルでした。伊豆大島になぜ野生のタイワンザルがいるのか。それは、島の動物園で飼《か》われていたタイワンザルが逃《に》げ出し、島の中で繁殖《はんしょく》しはじめたからです。当時、タイワンザルの研究は台湾《たいわん》本土でもほとんど行われておらず、その生態《せいたい》がよくわかっていないことを知って、「ならば伊豆大島で、研究してみよう」と考えたのです。

夏休みに、島の民宿《みんしゅく》に泊《と》まりこみ、島の山を歩いて、タイワンザルの群《む》れを追ったのです。暑さの中を、道なき道を進むのですから、結構《けっこう》、体力を消《しょう》耗《もう》しました。一週間で三つほどの群れと出合い、それぞれの群れの移動《いどう》ルートを推定《すいてい》することができました。

出合った群れは十〜二十匹《ぴき》ほどの個体《こたい》からなり、シイ類《るい》が多くしげる森を、主に樹上《じゅじょう》でえさ（やわらかい葉など）を食べながら移動していました。みんなでまとまってえさを食べ、えさになるものが少なくなると次の場所にみんなでそろって移動する、といった感じです。

私《わたし》はサルたちに見つからないように近づいていき、下から観察《かんさつ》しながら行動などを記録《きろく》していたのですが、ときどき私を見つける目ざといサルがいて、もうそうなると群れがぜんさわがしくなります。警戒音《けいかいおん》声が発せられ、たいてい、群れは移動の態勢《たいせい》になります。そんなとき私は、その場でじっと待って、群れが移動する方向を見定め、群れがある程度《ていど》離《はな》れてからまたついていきます。

タイワンザルがくらす山

ただし、群《む》れの最後尾《さいこうび》には、群れを無事逃《ぶじに》がそうとしているかのように一、二匹《ひき》のオスのサルが、私《わたし》をにらみつけながら陣取《じんど》り、木の上から私を威嚇《いかく》してきました。私がじっとしていると、かれらも群れのほうに移動《いどう》していきます。なかなか組織的《そしきてき》な群れの構造《こうぞう》があるのだなあ、と感心しました。

いっぽう、群れ同士《どうし》は自分の仲間《なかま》以外《いがい》のものを受け入れず、たがいに出合わないようにしているようですが、ちょっとしたミスで、出合ってしまうこともあるようです。私が目撃《もくげき》したケースでは、出合ってしまった二つの群れが、群れ全体をまきこんで大げんかになり、その衝突《しょうとつ》の中ではじきとばされた一匹のサルが、木から地面に落ち、また木を登って戦《たたか》いの中に入っていく、というマンガのようなことが起きました。

まったく自己流《じこりゅう》の調査《りょうさ》で、決して立派《りっぱ》な成果《せいか》が得《え》られたわけではありませんでしたが、へこたれながらもひたむきだったあのころを思い出すと、少し心が熱《あつ》くなるのです。

威嚇するタイワンザル

ええっ、卵《たまご》を産《う》む哺乳類《ほにゅうるい》?!

ヒトやイヌ、リスなどの哺乳類は、赤ちゃんを産んで母乳《ぼにゅう》で育てる動物です。しかし、なんとオーストラリアやタスマニアなどには、哺乳類でありながら卵を産む動物がいるのです。

↑ハリモグラ

↓カモノハシ

これらは、哺乳類の中の「単孔類《たんこうるい》」とよばれる仲間《なかま》で、見た目だけではなく、生態《せいたい》や進化の仕方もとってもユニーク。くわしく調べてみませんか？

第4章

動物行動学とはどんな学問なのか

最後《さいご》の章では、私《わたし》が研究している動物行動学について述《の》べてみたいと思います。この章の内容《ないよう》は、みなさんには少しむずかしいかもしれません。しかし、第3章までを読んで、「動物についてもっと知りたい」と思った読者は、ぜひ、この章もがんばって読んでみてください。きっと、動物たちの行動が、これまでとはちがって見えてくると思います。

さて、動物行動学とはどんな学問なのか。その説明《せつめい》としてまずは私のサインの話からはじめます。

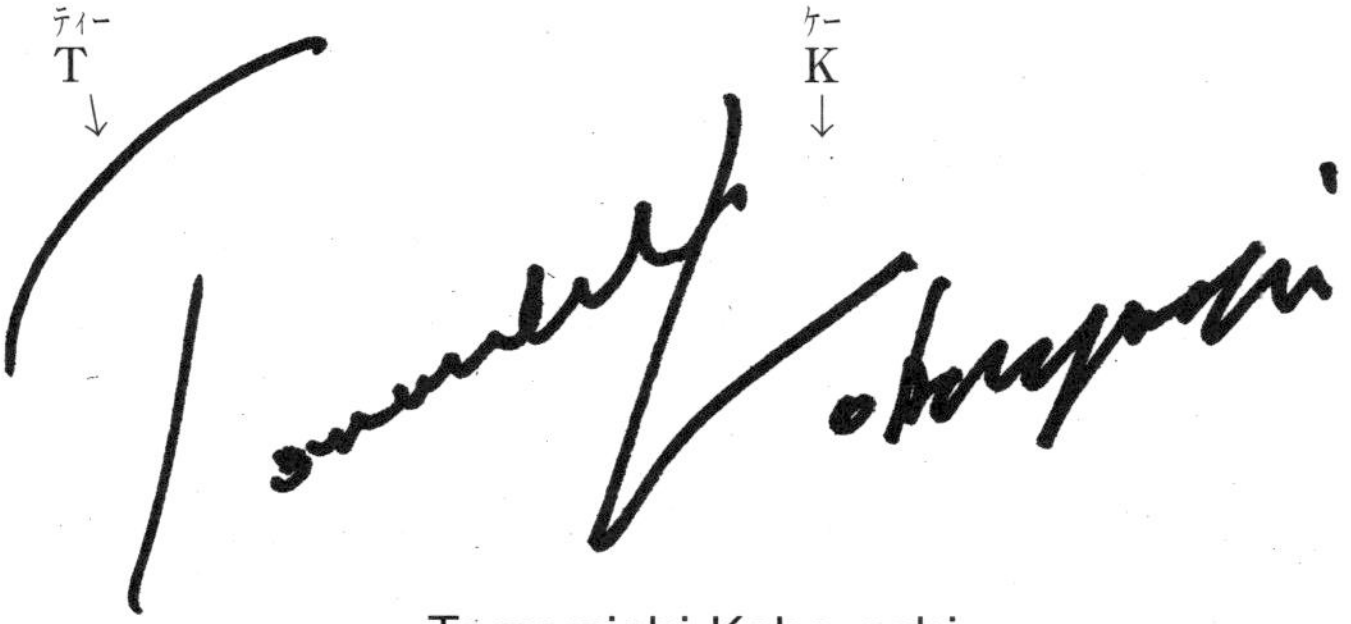

Tomomichi Kobayashi
小林先生の英語のサイン

私の英語《えいご》のサインは右のようなものです。パスポートにもこのサインを使っています。

このサインですが、ファーストネーム（＊1）の出だしの「T」は、ニコ・ティンバーゲン（Niko Tinbergen）という人物のサインのセカンドネーム（＊2）の字の形をまね、私のセカンドネームの出だしの「K」は、コンラート・ローレンツ（Konrad Lorenz）という人物のサインの字の形をまねています。

そしてこの私の行為《こうい》は、実は大変《たいへん》大それた、というか、おそれ多い行為であることが、以下《いか》の話からわかっていただけると思います。

一九七三年に「動物行動学という新しい学問分野を確立《かくりつ》した」という業績《ぎょうせき》で、三人の動物行動学者がノーベル賞《しょう》を受賞しました。ノーベル賞にはもともと、動物行動学をふくめた〝生物学〟を表彰《ひょうしょう》する部門はないのですが、動物行動学の、ものを見たり考えたりするときの目のつけどころが、ヒトのさまざまな活動を理解《りかい》することにも大きな影響《えいきょう》をあたえている、という理由もあって、ノーベル賞《しょう》の中の生理学・医学賞が贈《おく》られたそうです。

そして、受賞した三人というのが、ニコ・ティンバーゲン、コンラート・ローレンツ、カール・フォン・フリッシュ（オーストリア、一八八六〜一九八二年）だったのです。つまり私《わたし》は、自分のサインの出だしの文字を、このように偉大《いだい》な人たちのサインからお借《か》りしたというわけです！

そのニコ・ティンバーゲンは、その後の研究者たちに影響をあたえた、次のような意見をしめしました。

「動物行動学というのは、ある動物が、ある行動を行ったとき、なぜそのような行動をしたのかを、四つの面から調べていく（四つの答えがある）学問である。」

どういうことか、さらに具体的《ぐたいてき》に説明《せつめい》しましょう。

ティンバーゲンは次のように言ったのです。

「動物行動学というのは、『その動物はなぜそのように行動するのか』を研究する学問であり、四つの面から答えを見つけるものである。
①その行動をすることは、その動物が生きぬいて子孫《しそん》をのこすことにどんな利益《りえき》があるのか？（生存《せいぞん》・繁殖《はんしょく》上の利益）
②その行動は、動物の体内（脳《のう》や感覚器《かんかくき》、筋肉《きんにく》、内分泌系《ないぶんぴつけい》など）でどんなことが起こって現《あらわ》れたのか？（体内での行動発現《はつげん》の仕組み）
③その行動は、その動物の祖先《そせん》（たとえばその動物がイヌだったら祖先はオオカミに似《に》た動物となります）のどんな行動がどのように進化してきて現れたのか？（進化的な道筋《みちすじ》）
④その行動は、その動物が誕生《たんじょう》してからどのように発達《はったつ》して現れるのか？（発達の道筋）」

読者のみなさんは、この説明《せつめい》でもまだピンとこないでしょう。
では、さらに具体的《ぐたいてき》にするために、私《わたし》がわかかったころ（二十歳《さい》代前半）に発見した、シベリアシマリスの「おどろくべき」行動を例《れい》にとって説明しましょう。

まずは、その行動を紹介《しょうかい》します。

シベリアシマリスの主な捕食者《ほしょくしゃ》の一つに、〝ヘビ〟がいます。シベリアシマリスは、冬眠中《とうみんちゅう》だったり体調不良《ふりょう》だったりしてほとんど動かないヘビに出合うと、なんと、ヘビの体の表面をかじり取ってそれを口の中でかみほぐし、自分自身の体に〝毛づくろい〟の動作でぬりつけるのです（122ページ参照《さんしょう》）。
この行動は、私が発見した当時（一九八六年）、シマリスはもちろん、世界中に生息する約《やく》三千種類《しゅるい》のげっ歯類《しるい》のどれについてもまったく知られていなかった行動で、やがてSSA《エスエスエー》（Snake-Scent Application：「ヘビのにおいのぬりつけ」という意味）と名づけられます。

私は、この行動の発見後も研究をつづけ、シベリアシマリスは、動かないヘビの体に対してだけではなく、ヘビのフンや尿《にょう》、脱皮《だっぴ》したあとのぬけがら（「脱皮がら」といいます）に対しても同じ行動を行うことなど、いろいろなSSAの特性《とくせい》を明らかにしていきました。そして、その〝明らかにしていった〟内容《ないよう》というのが、「四つの面からの答え」になっているのです。

まず、「一つ目の答え」（生存《せいぞん》・繁殖《はんしょく》上の利益《りえき》）として、SSAは、シベリアシマリスが生きのびるうえで、次のようなはたらきを持っていることがわかりました。

シベリアシマリスのSSA《エスエスエー》

①SSAによってヘビのにおいがシマリスの体につくと、そのヘビのにおいは、ヘビが、巣穴《すあな》の中や草むらの中にいるシマリスを攻撃《こうげき》するのを、おさえる効果《こうか》がある！

「二つ目の答え」（体内での行動発現《はつげん》の仕組み）については、まだ少しですが、次のようなことがわかりました。

②SSAは、シベリアシマリスがヘビの体やフン、尿《にょう》、脱皮《だっぴ》がらのにおいを感じ取ることによって引き起こされる。そのにおい物質《ぶっしつ》は、ヘビの皮ふや直腸《ちょくちょう》、肛門《こうもん》の近くでつくられる。また、シベリアシマリスは、さまざまな種類《しゅるい》のヘビ（日本ではアオダイショウ、シマヘビ、ヤマカガシ、ジムグリ、マムシ）に対してSSAを行うが、ヘビ以外《いがい》のは虫類《ちゅうるい》や、ヘビ以外のシマリスの捕食者《ほしょくしゃ》（キツネ、イタチ）に対しては行わない。さらに、かみほぐして自分の体毛にぬりつけるときには、毛づくろいの動作を行うときと同じ神経《しんけい》がはたらいている。

「三つ目の答え」（進化的な道筋《しんかてきなみちすじ》）ですが、これは直接《ちょくせつ》調べることはできません。なぜなら、シベリアシマリスの祖先《そせん》は、もう生きていないからです。そこで、現在《げんざい》見られる動物の行動から予想《よそう》するしかありません。

私《わたし》は、どのように進化してきたかを考えるとき、シベリアシマリスと同じげっ歯類《しるい》（ネズミ類やハムスター類など）の、ある行動に注目しています。それは、「〝転位《てんい》行動〟として現《あらわ》れる毛づくろい」です。

ハツカネズミでもゴールデンハムスターでも、たとえば、ペットショップから家に連《つ》れて帰って、中にかくれるものがないようなケージに入れると、かれらはどうするでしょうか。

たいていは、ケージから外に出ようとしたり、かくれるところをさがしたりしてケージ内を動き回ります。そして、そんなことをしばらくしたあと、突然《とつぜん》、なにかにせかされるように毛づくろいをすることがよくあります。

このような行動を、以前《いぜん》の動物行動学では「転位行動」とよび、

「ある行動をしたいという衝動《しょうどう》がもり上がったとき、その行動を行うことができない状態《じょうたい》にあると、その衝動が、形を変える《か》（〝転位〟する）ように、まったくべつの行動を起こさせてしまう」

と考えたのです。

このような転位行動は、私たちヒトでも見られます。

たとえば、ある問題が起こり、自分はそれを解決《かいけつ》するために行動したいのだけれど、理由があってその行動ができないようなとき、とっさに、頭をかいてしまうようなことがないでしょうか。

こんな例《れい》です。

すわって面接試験《めんせつしけん》を待っているときなどは、逃《に》げ出したいくらい不安《ふあん》でも逃げ出すわけにはいきません。そのような状況《じょうきょう》にあると、思わず手で体や顔やかみの毛をさわったりすることがあるでしょう。これが転位行動です。

現在《げんざい》は、転位《てんい》行動についての考え方は昔よりも進んでいます。でも「ある行動をしたいという衝動《しょうどう》がもり上がっているのにそれが解消《かいしょう》されない、というような状態《じょうたい》（このような状態を「葛藤《かっとう》」といいます）のときに現《あらわ》れる」という基本的《きほんてき》な考えは変《か》わっていません。

私《わたし》は、まだSSA《エスエスエー》をしていなかったシベリアシマリスの祖先《そせん》は、動かないヘビに出合ったとき、こわくて「逃《に》げよう」とする衝動と、近寄《ちかよ》って「ヘビの様子をさぐろう（あるいは威嚇《いかく》したり、攻撃《こうげき》したりしよう）」とする衝動が両方もり上がり、葛藤状態になっていたのではないかと考えています。

ちなみに、「近寄ってヘビの様子をさぐろうとする」行動は、現在のシベリアシマリスをはじめとする、多くのリス類《るい》が行うことがわかっており、それは「モビング」とよばれています。「モビング」は、捕食者《ほしょくしゃ》の状態（「弱っている」とか、「攻撃的《てき》な状態だ」とか、「狩《か》りの気分にはなっていない」、など）を知ったうえで、警戒《けいかい》の音声を発したり、攻撃的な動作をしたりして、

逃げたいっ
そわそわ
葛藤
やらなければっ
ごくり…
うわーっ
逃げたい
葛藤
様子をさぐりたい

周《まわ》りの仲間《なかま》に捕食者《ほしょくしゃ》がそこにいることを知らせる、または捕食者を弱気にしてその場から追いはらう、といったはたらきがあると考えられています。

そこで、「三つめの答え」ですが、

③シベリアシマリスの祖先《そせん》では、ヘビと出合ったときに、「逃《に》げたい」という衝動《しょうどう》と「様子をさぐろう」という衝動の間で葛藤状態《かっとうじょうたい》になり、転位《てんい》行動として毛づくろいを行っていたのではないか。それが、シベリアシマリスへと進化してくる過程《かてい》で、葛藤したときに、ヘビのにおいがする対象《たいしょう》をかじり取るという動作として定着し、次に毛づくろいをするという、SSA《エスエスエー》になってきたのではないか。

私《わたし》は、そんな「進化的《しんかてき》な道筋《みちすじ》」を考えているのです。

最後《さいご》に「四つ目の答え」(発達《はったつ》の道筋)については、次のようなことがわかりました。

④子リスは、生後三十日くらいして巣穴《すあな》から外に出るようになると、ほぼ成《せい》獣《じゅう》と同じような動作でSSAを行うようになる。それは、親の行動を見たり、親から教えられたりして行うようになるのではなく、子リスの脳《のう》や神《しん》経《けい》、四肢《しし》(両手両足のこと)などの成長《せいちょう》につれて、本能的《ほんのうてき》に行えるようになる。

発達の仕方としては、

1　まず、生後三十日くらいで、少しずつ成獣と同じような動作ができるようになったとき、巣の外でヘビ(ヘビの脱皮《だっぴ》から)に出合うと、近《ちか》寄《よ》ってこわごわとにおいをかぎ、さっと身を引いて、まさに転位行動のようにして毛づくろいを行います。

2　その後、時間の経過《けいか》とともに、ヘビから身《み》を引く前にヘビ（脱皮《だっぴ》がら）をかじり、口の中でかみほぐす動作をしたあと、毛づくろいをするようになります。もちろん、毛づくろいによって、ヘビのにおいは子リスの体につくはずです。

このようにして、子リスのＳＳＡ《エスエスエー》は発達《はったつ》していくのです。

以上《いじょう》が、シベリアシマリスのＳＳＡを例《れい》にして説明《せつめい》した「動物行動学とはどんな学問か」です。いかがでしょうか？　だいたいわかっていただけたでしょうか。少しむずかしかったでしょうか。

おわりに、私《わたし》は、「動物行動学の確立《かくりつ》」という業績《ぎょうせき》がノーベル賞《しょう》を受賞した大きな理由は、一つ目の「その行動をすることは、その動物が生きぬいて子孫《しそん》をのこすことにどんな利益《りえき》があるのか？」（生存《せいぞん》・繁殖《はんしょく》上の利益）というテーマを、しっかりと基盤《きばん》にして、それまで、愛好家《あいこうか》たちが野生生物を観《かん》察《さつ》してたくわえてきたたくさんの知識《ちしき》をまとめ上げ、「科学」とよべるまでに高めたことだと思います。

それまでの科学界には、野生生物の行動や生態《せいたい》などを愛《あい》する人たちが見つけた知識は、「測定器《そくていき》なども使わない、正確《せいかく》さに欠《か》けるものだ」とか、「行動は形にのこらないあやふやなものなので、科学の対象《たいしょう》にはならない」などといったふんいきがあったのだと思います。でも、ローレンツたちは、「行動とは、主に脳《のう》という形ある器官《きかん》のはたらきである。それは、血液《けつえき》の流れが心臓《しんぞう》という器官のはたらきであるのと同じだ。だから、心臓の構造《こうぞう》や血液の流れ方が、その動物の生存・繁殖に有利になっているのと同じように、脳の構造やそのはたらきである行動や心理も、その動物の生存・繁殖に有利になっているはずだ。そう考えて、事実を観察《かんさつ》すればいいのだ」と主張《しゅちょう》し、実践《じっせん》したのです。

そして、動物の行動についての深い理解《りかい》や知識《ちしき》に、見事に新しい光を当てることに成功《せいこう》したのです。また、その成功の中には、ヒトの行動や心理に対しての新しい発見も多くふくまれていたのです。

私《わたし》が動物行動学に出合ったのは、大学生だった一九八〇年ごろですが、そのころから、この学問も、基本《きほん》は変《か》えることなく、さまざまな発展《はってん》や改良《かいりょう》をつづけています。

この章の内容《ないよう》が少しむずかしいと感じた人もいるかもしれません。でも、くわしく読むと、第1章から第3章までの話の中には、ここでお話しした「四つの面」から見た内容が、まじって入っていたはずです。そんなことも考えながら、いろいろな動物について、さらに学んでいただければ大《たい》変《へん》うれしく思います。

＊1　名前のこと。アルファベットのサインでは、一番はじめに書かれることが多い。

＊2　名字のこと。アルファベットのサインでは、名前のあとに書かれることが多い。

クイズの答え

〈20ページの答え〉

曲がったチューブの形がヘビがかま首をもたげている形に似《に》ていることから、ヒキガエルが威嚇《いかく》行動をするための鍵刺激《かぎしげき》は、この形であると考えられます。

〈89ページの答え〉

毒《どく》のある植物は強いにおいを発するものが多いことから、強いにおいの食べ物をさけることで、胎児《たいじ》にとって大事な時期に毒が体に入るのを防《ふせ》ぐと考えられます。

おわりに

私《わたし》は岡山《おかやま》県北部の山村で育ち、小さいころから山や川で、そこで生きているいろいろな生物たちと五感でふれ合いながら過《す》ごしてきました。

私の父は学校の先生をしていましたが、家には田んぼや畑、山林があり、休日はいつもそれらの仕事に追われていました。そして、そんな父のそばで、私は、休日がくると、上の二人の兄といっしょに、田んぼや山の仕事の手伝《てつだ》いをしていました。

だから私は、田んぼでのイネの育て方や、山でのスギやヒノキの手入れの仕方などが、ばっちり頭に入っています。今でも体がおぼえている、体にしみこんでいる、と言ってもいいと思います。

手伝いは、特《とく》に暑い夏や寒い冬は大変《たいへん》でした。でも兄たちもいっしょでしたし、楽しい思い出もたくさんあります。父からは、仕事の合間に、自然《しぜん》の生き物についてたくさんのことを教わりました。

ときには、学校から帰って、家で飼《か》っていたイヌ（名前は「トム」といいました）といっしょに山の奥《おく》へ探検《たんけん》に行くこともありました。はじめて分け入る場所はこわくもありましたが、トムといっしょだと勇気《ゆうき》が湧《わ》いてきました。スリルもあり、その場所を通って家までたどり着いたときは、自分が強くなったような気がしてうれしかったのをおぼえています。

川についておぼえているのは、なんといっても、夏、父や兄たちと行った「夜《よ》ぶり」です。

夜ぶりというのは、夜の十時くらいから、アセチレンガスをもやすライトなどを持って川に入り、夜に動きのにぶくなっている魚を網《あみ》ですくったりヤスで突《つ》いたりしてつかまえる漁法《ぎょほう》です。

川下から川上へと五、六時間、川の中を歩きながら魚を捕《と》っていくのです。大きな魚を捕ったときの、うでにひびいてくる手ごたえは、今でもわすれられません。家に帰るともうクタクタですが、母が用意してくれていたおふろに入ると、なんともいえない満足感《まんぞくかん》にひたることができたのです。

もちろん、夏休みに友だちと川で泳いだこともわすれられません。

私《わたし》が動物の研究者になりたいと思ったのは、大学に入って「動物行動学」に出合ってからです。

小さいころから動物が大すきで、また、物事を理屈《りくつ》っぽく考えることがすきだった私にとって、「その動物はなぜ、そう行動するのか？」について調べる学問は、とてもとても魅力的《みりょくてき》でした。なぜなら、動物と接《せっ》しながら、それぞれの動物種《しゅ》に特有《とくゆう》な習性《しゅうせい》について理論的《りろんてき》に考え、観察《かんさつ》や実験《じっけん》を通して仮《か》説《せつ》をたしかめていくわけですから。そのような、動物ずきにとって魅力いっぱいの分野を、科学の重要《じゅうよう》な一分野として成立《せいりつ》させてくれた先人（多くの研究者）には、「感謝《かんしゃ》」です。ただし、科学的研究である以上《いじょう》、独創的《どくそうてき》な発想《はっそう》と、地道な、長くつづく努力が必要《ひつよう》であることも知りました。

さて、本文の中では、あまりはっきりとは書きませんでしたが、本書を読んでいただいたみなさんに、ぜひ考えてもらいたいことがあります。

それは、現在《げんざい》、日本もふくめた世界中で野生生物が毎日、数を減《へ》らし、多くの種が絶滅《ぜつめつ》に向かっているという問題です。

原因《げんいん》となっているのは、そのほとんどが人間の行為《こうい》です。「建築物《けんちくぶつ》や道路やレジャー施設《しせつ》などをつくり、生物たちがすんでいた場所を奪《うば》っている」ということや、「もともと外国の野山などにすんでいた動物を人間がペットショップなどで買いもとめ、それ（そういう動物を〝外来種《がいらいしゅ》〟とよびます）が逃《に》げ出して、逃げ出した先の国の動植物（〝在来種《ざいらいしゅ》〟とよびます）を食べるなどしている」ということなどがあげられます。

日本にずっと昔からすんでいて（または生《は》えていて）、日本の自然《しぜん》の健康《けんこう》な成《な》り立ちを生み出していた動植物（つまり日本の在来種《ざいらいしゅ》）を食べて数を減《へ》らしている外来種《がいらいしゅ》としては、ブラックバスやブルーギルがよく知られています。いっぽう、そうして、それぞれの国や地域《ちいき》における在来種の種類《しゅるい》や数が少なくなるとどうなるか？　生態系《せいたいけい》に力がなくなり、災害《さいがい》が増《ふ》えたり、水や空気がよごれたりして、人びとの命がおびやかされてきています。つまり人類《じんるい》は、野生生物を絶滅《ぜつめつ》に追いやることによって、自分たちの首をしめているのです。

現在《げんざい》、私《わたし》は、動物行動学を通して、動物たちのことをより深く知ると同時に、研究でわかったことを利用《りよう》して、人がつくる建物《たてもの》や道路、川の護岸《ごがん》などについて、その場所の環境《かんきょう》のことを考えたり、つくり方を工夫《くふう》したりして、野生生物も生きていけるようなものにしていきたいと思っています。

みなさんも、自然が壊《こわ》されている場所を見たら、「そこにすんでいた動物たちはどうなったのだろうか」と考えてみてください。また、「かわいい」とか「かっこいい」といった理由だけで、ペットショップなどの動物を買い、飼《か》うのがむずかしくなったからといって野外に放したりする人がいなくなるためにはどうしたらよいのかを、考えてみてください。

そしてなにより、自分が住んでいる場所の、みなさんのすぐそばの虫や魚や鳥などの野生生物をよく観察《かんさつ》して、その生活をより深く知ってほしいと思います。

では、いよいよ最後《さいご》になりました。みなさん、お元気で。どこかで会うことがあったらよろしく。

小林　朋道

【著者・イラストレーター紹介】

著者　小林 朋道（こばやし ともみち）

1958年岡山県生まれ。

岡山大学理学部生物学科卒業。京都大学で理学博士取得。

現在、公立鳥取環境大学環境学部長、教授。専門は、動物行動学。

著書として、『絵でわかる動物の行動と心理』（講談社、2013)、『なぜヤギは、車好きなのか？』（朝日新聞出版、2015)、『先生、イソギンチャクが腹痛を起こしています！』（築地書館、2016)、『先生、犬にサンショウウオの捜索を頼むのですか！』（築地書館、2017)、『進化教育学入門』（春秋社、2018）など、多数。

これまでも、「その行動は、動物の生存や繁殖にどのように役立つのか」という視点から、ヒトを含めた哺乳類、鳥類、両生類などについて調べてきたが、現在は、ヒトと自然の精神的なつながりについての研究や、絶滅危惧動物の保全活動にも取り組んでいる。

イラストレーター　雲坂 紘巳（くもさか ひろみ）

鳥取環境大学卒業。新聞社を経て、イラストレーターに。

大学在学中は、小林朋道教授の講義はすべて受講。自分が「人間」として立ってきた世界が、別の角度から広がって見えてきたり、どこからかヤギやカエルの会話が聞こえてきたりしそうな「コバヤシワールド」に魅了されている。

動物画をはじめ、イラストルポ・地図など、さまざまなジャンルで活動中。

※本書の第１～３章は、2013年７月から2014年９月にかけて、山陽新聞「さん太タイムズ」に連載されたものを再編集したものです。

イラスト・装丁　雲坂 紘巳

小林先生に学ぶ動物行動学
――攻撃するシマリス、子育てするタヌキ

2018年７月15日　初版第１刷発行
著　者　小林 朋道
発行人　松本 恒
発行所　株式会社 少年写真新聞社
〒102-8232　東京都千代田区九段南４-７-16 市ヶ谷ＫＴビルⅠ
Tel（03）3264-2624　Fax（03）5276-7785
http://www.schoolpress.co.jp
印刷所　図書印刷株式会社

ISBN 978-4-87981-641-2　C8095 NDC481

ちしきのもり

『みんなが知りたい 放射線の話』 谷川勝至 文

『巨大地震をほり起こす
大地の警告を読みとくぼくたちの研究』 宍倉正展 文

『知ろう！ 再生可能エネルギー』 馬上丈司 文 倉阪秀史 監修

『500円玉の旅 お金の動きがわかる本』 泉 美智子 文

『はじめまして モグラくん
なぞにつつまれた小さなほ乳類』 川田伸一郎 文

『大天狗先生の㊙妖怪学入門』 富安陽子 文

『町工場のものづくり －生きて、働いて、考える－』
小関智弘 文

『本について授業をはじめます』 永江朗 文

『どうしてトウモロコシにはひげがあるの？』 藤田智 文

『巨大隕石から地球を守れ』 高橋典嗣 文

『「走る」のなぞをさぐる～高野進の走りの研究室～』 高野進 文

『幸せとまずしさの教室』 石井光太 文

『和算って、なあに？』 小寺裕 文

『英語でわかる！ 日本・世界』 松本美江 文

『本当はすごい森の話』 田中惣次 文

以下、続刊

観察《かんさつ》ノート

観察日・場所	様　子	気づいたこと・調べたこと
月　日 天気： 場所：		動物の名前：
月　日 天気： 場所：		動物の名前：
月　日 天気： 場所：		動物の名前：
月　日 天気： 場所：		動物の名前：
月　日 天気： 場所：		動物の名前：

＊〈様子〉の欄《らん》には、動物の絵をかきましょう。

＊このページをコピーして使いましょう。